LA RENAISSANC

Les maîtres de la BD belge

Régine Vandamme

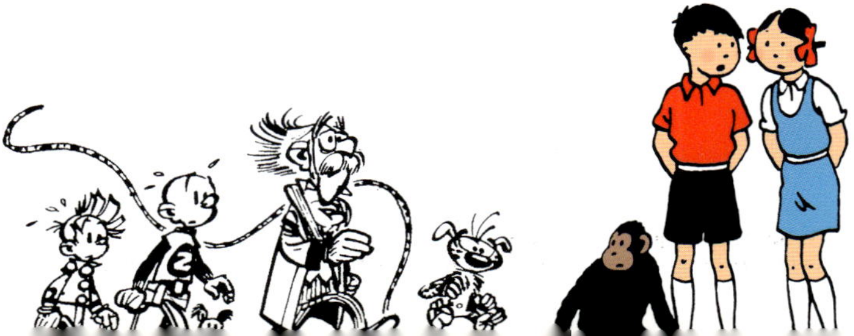

L'histoire de la bande dessinée passe par la Belgique. Et s'il est dangereux de faire des cloisonnements, surtout dans le domaine des arts, qui ne connaît pas de frontières, il n'en demeure pas moins évident que, sans la Belgique, à cause de son histoire éditoriale plus que par particularisme, la bande dessinée ne serait pas tout à fait ce qu'elle est. N'ont été élus au titre de maîtres que les dessinateurs. Non pas pour ignorer les talents magistraux de scénaristes qui ont eux aussi droit de cité au panthéon des auteurs. Mais parce que, s'agissant d'un mini beau livre, priorité est donnée aux images. Et comme chacun sait, dans la BD, ce qui se voit, c'est le dessin. Je salue donc, dans cette page introductive, tous ces maîtres de la narration qui ont marqué avec la même créativité, inventivité et génie l'histoire de la BD, faisant évoluer et sortant ce médium hybride de l'appellation d'art mineur dans laquelle il a longtemps été enfermé. Imagine-t-on ce que serait la BD sans Charlier, Benoît Peeters ou Vanhamme, pour ne prendre que quelques exemples que rend criante la sélection qui suit ?

Toute liste est subjective. Ma sélection est une sélection de lecteur, qui plus est de lectrice ! Ce qui ajoute à sa subjectivité, le sexe des lecteurs de BD, tout comme celui des auteurs, étant très majoritairement masculin.

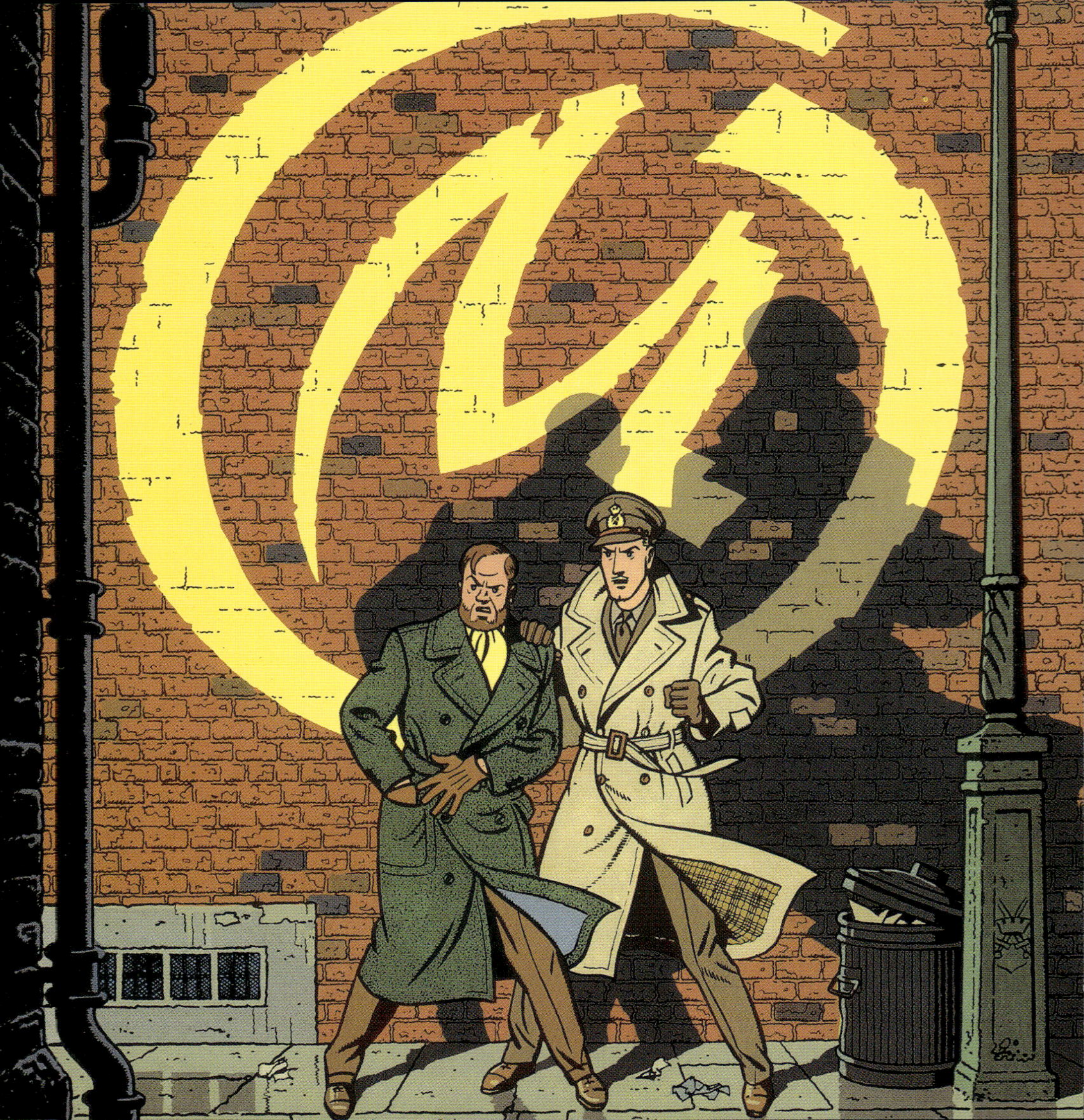

Jacobs (Bruxelles 1904-1987)

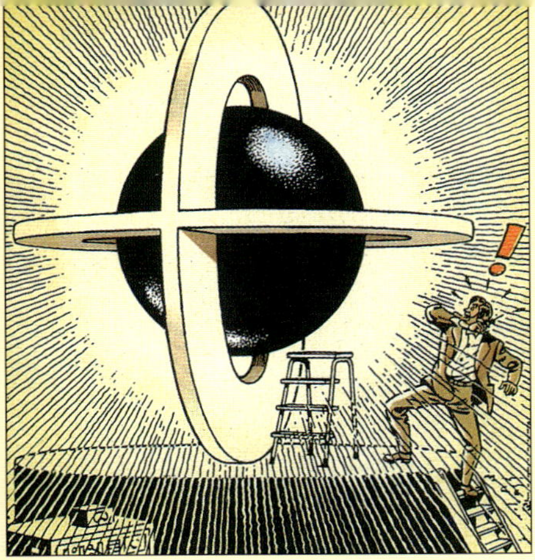

Blake & Mortimer. Le Piège diabolique,
éd. Blake & Mortimer, 1990 (éd. originale 1960).

Avant de venir sur le tard à la bande dessinée, Edgar-Pierre Jacobs exerce divers métiers, tels dessinateur de bijoux, de dentelles, illustrateur publicitaire, retoucheur photo… et artiste lyrique.

En 1943, il entre pour une courte période dans le naissant studio d'Hergé où il prend part, entre autres, à la mise en couleurs des premiers albums de Tintin parus en noir et blanc.

En 1944, il fait ses débuts comme illustrateur et dessinateur de bande dessinée dans la revue *Bravo* où il reprend le personnage de Gordon l'Intrépide d'Alex Raymond, jusqu'à ce que la censure allemande l'interdise.

Jacobs crée alors sa propre bande dessinée : *Rayon U*, ancrant son récit dans la science-fiction, son univers de prédilection.

1946 marque les débuts de la mythique série *Blake & Mortimer*, dans le non moins mythique *Journal de Tintin* où les premières pages du *Secret de l'Espadon* paraissent dès le premier numéro. Jacobs y impose d'emblée le génie d'un style narratif rigoureux et d'un graphisme magistral : la synthèse de la ligne claire et de la BD réaliste, soit la marque d'une œuvre fondatrice. En 1981 paraissent chez Gallimard ses mémoires, *Un opéra de papier*, un titre qui fait référence à son autre passion : la musique lyrique.

À sa mort, en 1987, il laisse le second volet des *Trois formules du professeur Sato* inachevé. Bob de Moor fera l'encrage selon les souhaits de la fondation Blake & Mortimer; l'album paraît fin 1989. Depuis, Ted Benoît et André Juillard ont donné une suite graphique aux aventures de Blake et Mortimer sur des scénarii de Jean Vanhamme et Yves Sente.

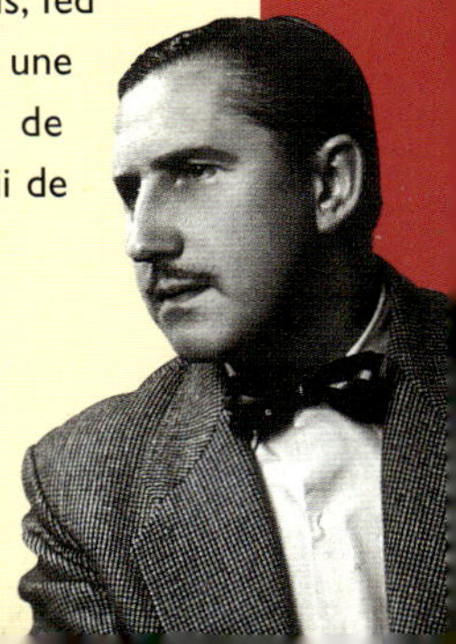

À GAUCHE : *Blake & Mortimer. La Marque jaune,* éd. Blake & Mortimer, 1987 (éd. originale 1953).
À DROITE : Edgar-Pierre Jacobs en 1946.

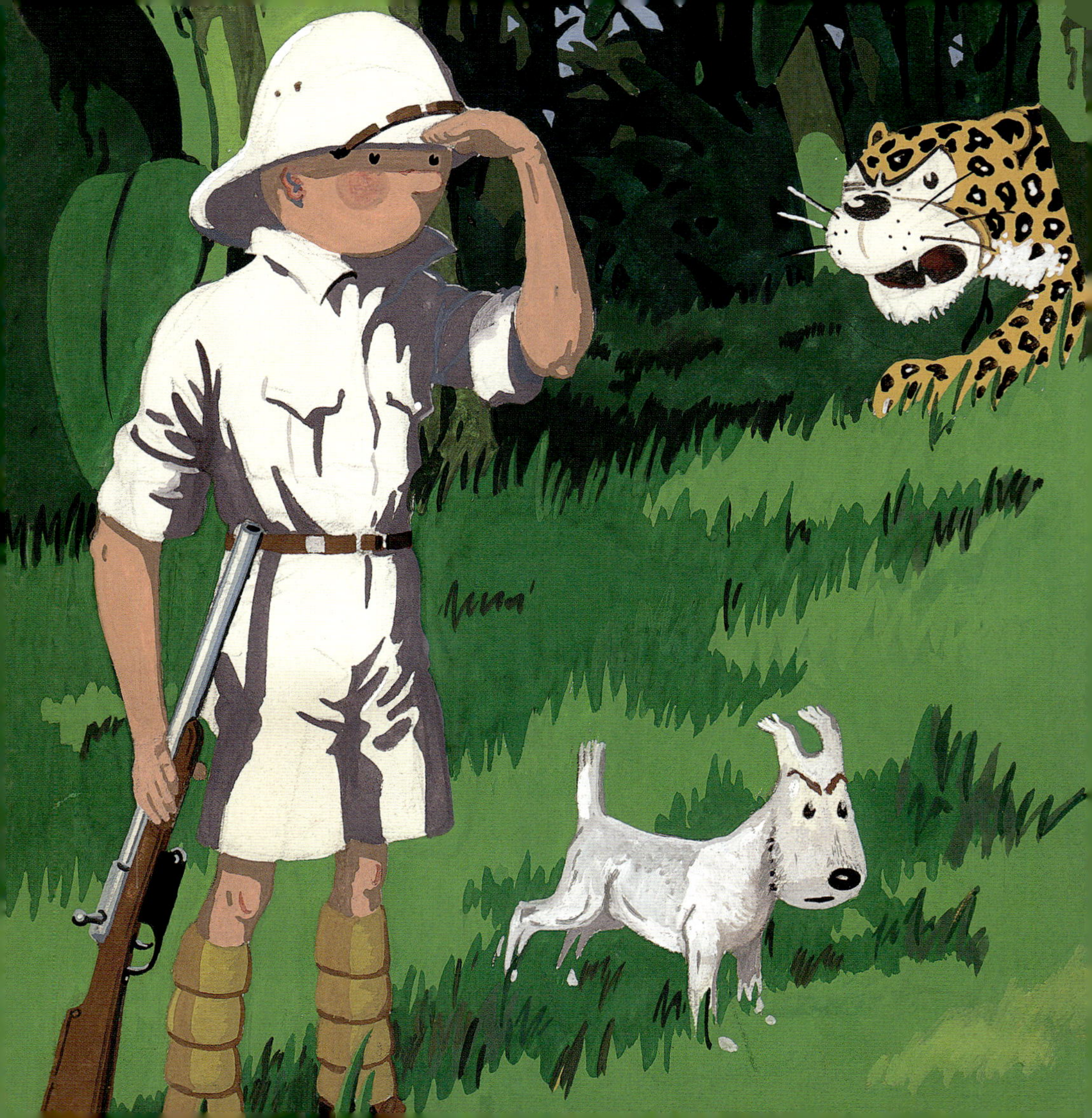

Dès 1925, Hergé s'acquitte, au sein du journal *Le Vingtième Siècle,* de toutes sortes de travaux avant de mettre en avant ses talents de dessinateur débutant. En 1929, il crée le personnage de Tintin dans le supplément *Le Petit Vingtième*. Dès lors, plus rien ne sera comme avant pour le créateur du modeste et feu Totor CP des Hannetons qu'il dessina pour la première fois en 1926 pour la revue *Le Boy-Scout belge*.

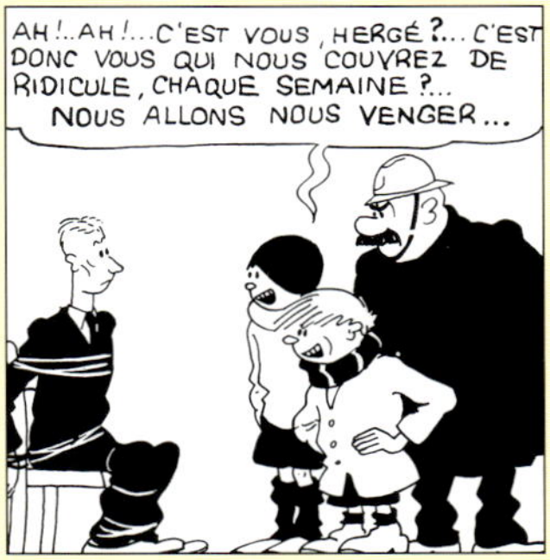

Autoportrait caricatural d'Hergé dans *Les Exploits de Quick et Flupke,* "Une grave affaire".

Tintin séduit immédiatement son public jeune. Fort de ce succès qui va grandissant avec ses nouvelles aventures en Amérique, en Égypte et en Chine, Hergé crée dans la foulée de son héros à la houppe d'autres personnages comme Quick et Flupke, les fameux *ketjes* bruxellois (1930), Popol et Virginie (1934) et Jo, Zette et Jocko (1936).

Hergé a inventé la ligne claire, ainsi baptisée bien plus tard par Joost Swarte, dessinateur hollandais se réclamant de lui. La bande dessinée belge a engendré son premier grand maître. Son héros va faire couler beaucoup d'encre. Celle des dessinateurs se réclamant d'Hergé ou de l'école de Bruxelles, celle des rotatives qui, en 75 ans, vont imprimer en plus de 60 langues et en quelque 200 millions d'exemplaires les 23 albums des aventures de Tintin, et celle de grands penseurs du XXe siècle : philosophes, sémiologues, psychanalystes, scientifiques qui vont gloser sur cette œuvre au grand étonnement d'Hergé lui-même. Tintin, l'homme au cœur et au corps d'enfant, ne laisse pas d'intriguer. Creux et entier, il ne tire sa consistance que dans les défauts, failles et faiblesses des personnages secondaires que sont Haddock, Tournesol, les Dupondt, la Castafiore… C'est là et dans la très grande lisibilité de son graphisme innovant que réside tout le génie d'Hergé né Georges Remi.

Illustration à la gouache pour la couverture de l'édition originale des *Aventures de Tintin, reporter du "Petit Vingtième" au Congo,* 1931. Coll. Fondation Hergé.

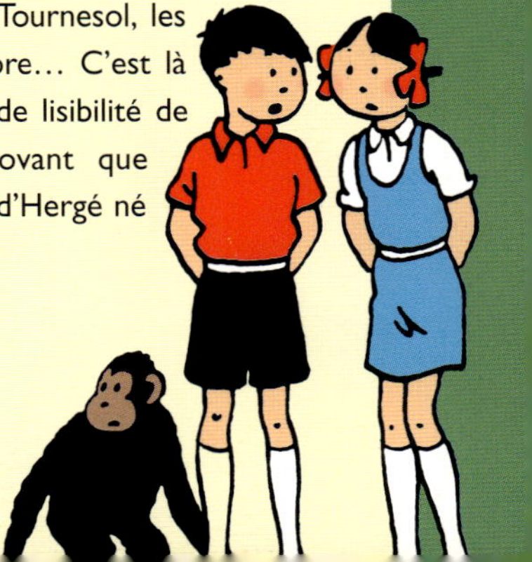

Jo, Zette et Jocko. Le Testament de M. Pump, éd. Casterman, 1951, p. 16.

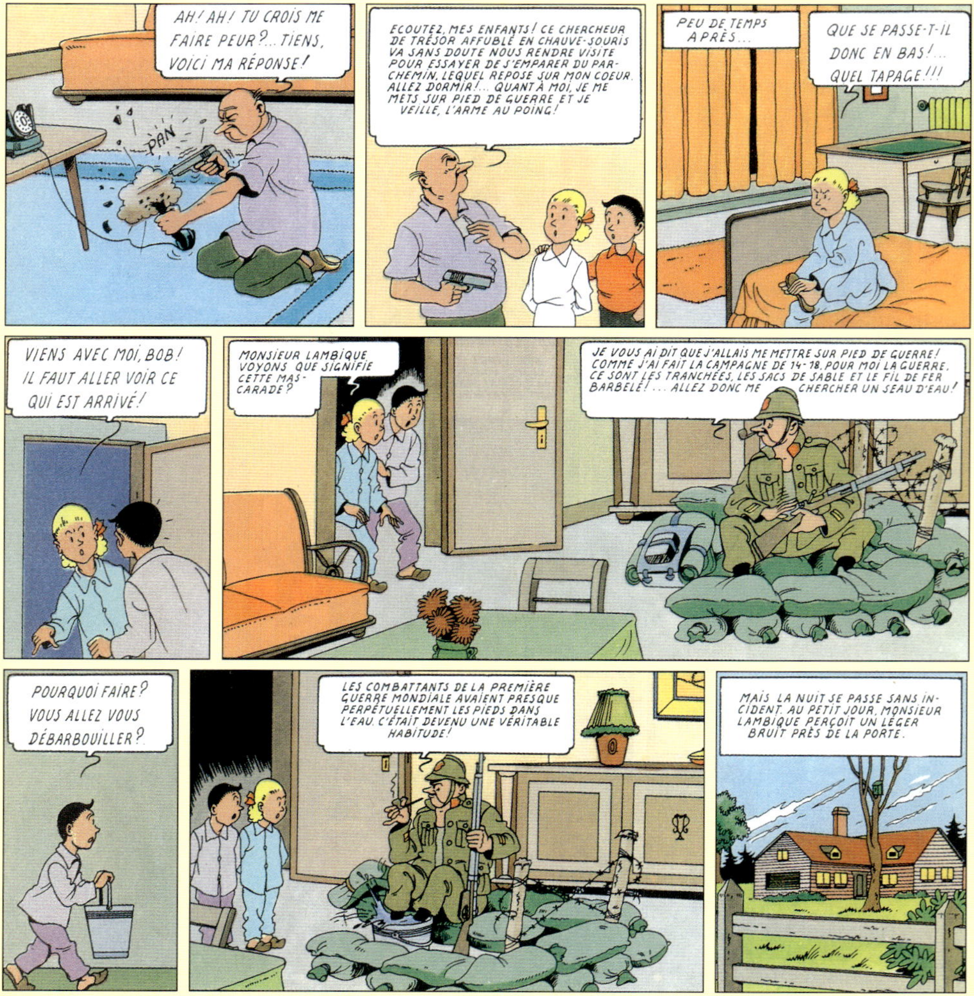
AH! AH! TU CROIS ME FAIRE PEUR?... TIENS, VOICI MA RÉPONSE!
PAN
ECOUTEZ, MES ENFANTS! CE CHERCHEUR DE TRÉSOR AFFUBLÉ EN CHAUVE-SOURIS VA SANS DOUTE NOUS RENDRE VISITE POUR ESSAYER DE S'EMPARER DU PARCHEMIN, LEQUEL REPOSE SUR MON COEUR. ALLEZ DORMIR!... QUANT À MOI, JE ME METS SUR PIED DE GUERRE ET JE VEILLE, L'ARME AU POING!
PEU DE TEMPS APRÈS...
QUE SE PASSE-T-IL DONC EN BAS!... QUEL TAPAGE!!!
VIENS AVEC MOI, BOB! IL FAUT ALLER VOIR CE QUI EST ARRIVÉ!
MONSIEUR LAMBIQUE, VOYONS QUE SIGNIFIE CETTE MASCARADE?
JE VOUS AI DIT QUE J'ALLAIS ME METTRE SUR PIED DE GUERRE! COMME J'AI FAIT LA CAMPAGNE DE 14-18, POUR MOI LA GUERRE, CE SONT LES TRANCHÉES, LES SACS DE SABLE ET LE FIL DE FER BARBELÉ!... ALLEZ DONC ME CHERCHER UN SEAU D'EAU!
POURQUOI FAIRE? VOUS ALLEZ VOUS DÉBARBOUILLER?
LES COMBATTANTS DE LA PREMIÈRE GUERRE MONDIALE AVAIENT PRESQUE PERPÉTUELLEMENT LES PIEDS DANS L'EAU. C'ÉTAIT DEVENU UNE VÉRITABLE HABITUDE!
MAIS LA NUIT SE PASSE SANS INCIDENT. AU PETIT JOUR, MONSIEUR LAMBIQUE PERÇOIT UN LÉGER BRUIT PRÈS DE LA PORTE.

Willy Vandersteen (Anvers 1913-Edegem 1990)

Willy Vandersteen est le plus célèbre représentant de ce que l'on a parfois appelé l'école d'Anvers, bien qu'elle n'ait pas donné naissance à un style graphique propre. Cela dit, elle est remarquable par la grande popularité de son chef de file. Le père de *Bob et Bobette*, aidé par son studio, est l'auteur de plus de 1000 titres et d'une quinzaine de séries ! En Flandres et aux Pays-Bas, Vandersteen est une figure emblématique de la bande dessinée. S'il a connu certains succès considérables à l'étranger, comme en Allemagne avec sa série réaliste *Bessy*, il n'en a pas été de même avec l'ensemble de sa production ; ainsi la France n'a-t-elle jamais affectionné *Bob et Bobette*.

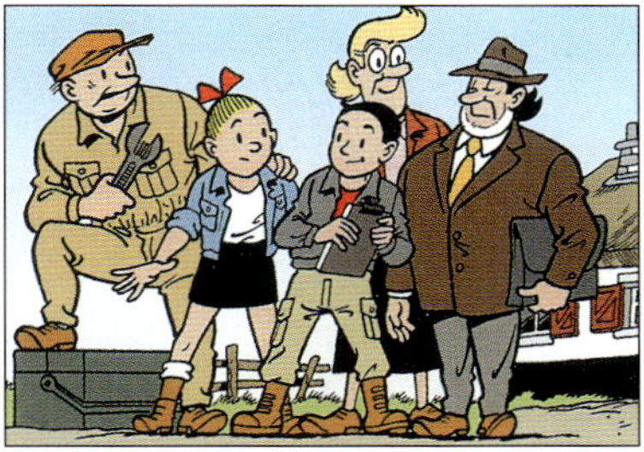

Bob et Bobette. La Comission vache, éd. Standaard, 2001, p. 1 (textes et dessins de P. Geerts, son successeur).

Vandersteen débute dans la BD, alors qu'il est âgé de 26 ans, après avoir découvert les comics américains. Il fait ses classes dans la presse. En 1945, il crée, *Rikki en Wiske*, rebaptisés *Suske en Wiske* (*Bob et Bobette*). En 1948, ses héros rejoignent le journal *Tintin* (*Le Fantôme espagnol*). L'Anversois y côtoie Hergé, qui le surnomme le Brueghel de la BD. À la demande expresse du père de Tintin, Vandersteen rend son dessin plus lisible. Il y fait la connaissance d'un autre Anversois, Bob de Moor, à qui il propose de rejoindre son studio, mais le créateur de Cori le Moussaillon choisit de travailler pour Hergé. Au journal *Tintin*, outre huit aventures de Bob et Bobette, Vandersteen donne également *Tijl Uilenspiegel*.

Vandersteen, qui pouvait passer de la ligne claire à un style réaliste, est sans conteste l'un des auteurs les plus prolifiques d'Europe. Ses albums se sont vendus à une centaine de millions d'exemplaires. Parmi les auteurs qui se réclament de lui, il y a Johan De Moor, son filleul.

À GAUCHE : *Bob et Bobette. Le Trésor de Beersel*, éd. Erasme, 1986 (éd. originale, 1955), p. 11.

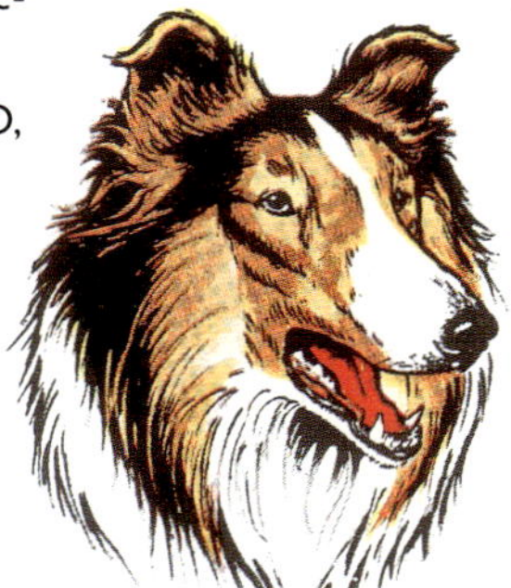

Bessy, éd. Érasme, 1979, p. 1.

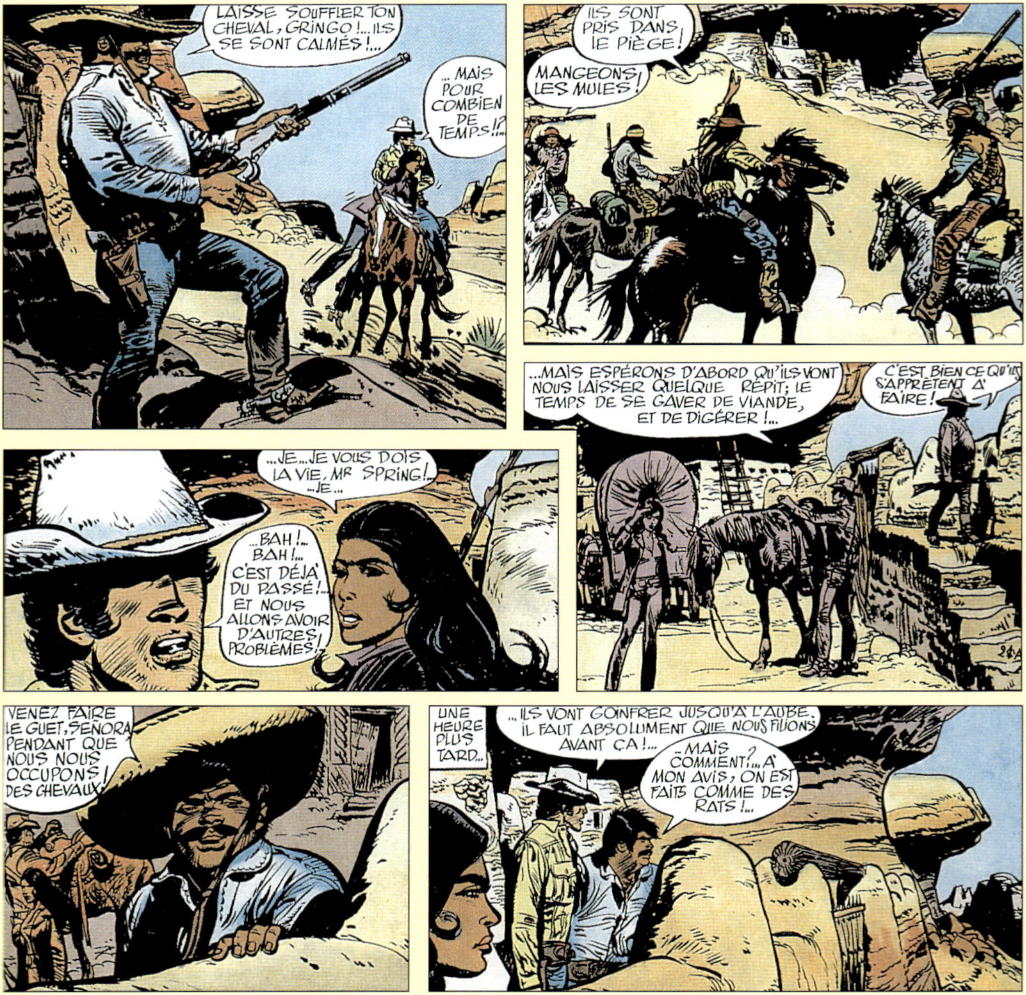
LAISSE SOUFFLER TON CHEVAL, GRINGO !... ILS SE SONT CALMÉS !...
... MAIS POUR COMBIEN DE TEMPS !?...
ILS SONT PRIS DANS LE PIÈGE !
MANGEONS LES MULES !
...JE... JE VOUS DOIS LA VIE, Mr SPRING !... ...JE...
...BAH !... BAH !... C'EST DÉJÀ DU PASSÉ !... ET NOUS ALLONS AVOIR D'AUTRES PROBLÈMES !...
...MAIS ESPÉRONS D'ABORD QU'ILS VONT NOUS LAISSER QUELQUE RÉPIT; LE TEMPS DE SE GAVER DE VIANDE, ET DE DIGÉRER !...
C'EST BIEN CE QU'ILS S'APPRÊTENT À FAIRE !
VENEZ FAIRE LE GUET, SEÑORA PENDANT QUE NOUS NOUS OCCUPONS DES CHEVAUX !
UNE HEURE PLUS TARD...
...ILS VONT GOINFRER JUSQU'À L'AUBE. IL FAUT ABSOLUMENT QUE NOUS FILIONS AVANT ÇA !...
...MAIS COMMENT ?... À MON AVIS, ON EST FAITS COMME DES RATS !...

Jijé (Gedinne 1914-Versailles 1980)

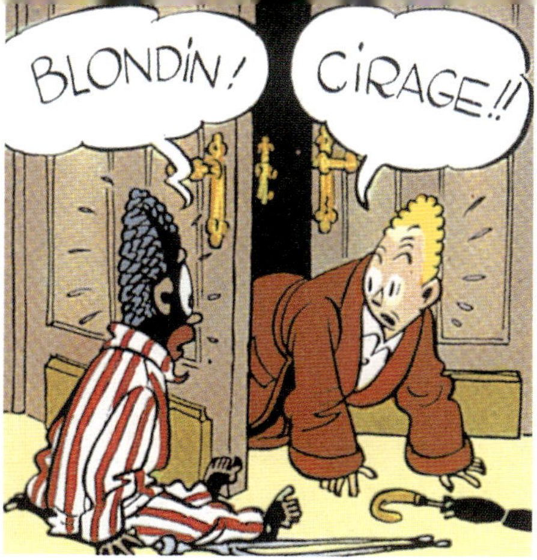

Blondin et Cirage au Mexique, extrait de *Tout Jijé, 1951-1952*, éd. Dupuis, 1991, p. 41.

Joseph Gillain, pseudonyme Jijé, est considéré comme le père de l'école de Charleroi. Lui qui n'aimait pas les étiquettes a donné à divers styles graphiques et narratifs leurs lettres de noblesse et généré à sa suite de nombreux disciples et pas des moindres : Franquin, Morris, Will, Eddy Paape, Victor Hubinon, Giraud, Hermann, Mézières, Juillard, Chaland, Derib, Peyo, Roba…

Jijé crée de nombreux personnages, qu'il va le plus souvent laisser à d'autres dessinateurs qu'il a écolés selon que les circonstances de la vie le tiennent éloigné de ses créations.

Son premier personnage Jojo, dans le style hergéen, apparaît en 1935 dans le journal concurrent du *Petit Vingtième*, *Le Croisé*. Il est suivi, en 1939, de Freddy Fred (1 épisode) dans *Spirou*. 1939 voit aussi la naissance de *Blondin et Cirage* dans un hebdomadaire catholique. La série est reprise dans *Spirou* en 1951. En 1940, Jijé reprend le personnage de Spirou (voir Franquin). Le scénariste Jean Doisy lui conseille de le flanquer d'un personnage haut en couleur et en colères : Fantasio. En 1941, tout en créant *Jean Valhardi*, une série au héros archétypal redresseur de torts, il explore la voie alors en vogue des biographies bédessinées. Il commence par Don Bosco et poursuit avec Christophe Colomb et Baden Powell, chef-d'œuvre du genre. Il s'attaquera encore à Charles de Foucauld, Bernadette Soubirous et à une vie du Christ au lavis, *Emmanuel* (2 albums en 1947). En 1954, il donne au 9e art la première série western réaliste au ton humaniste : *Jerry Spring*, qui rompt avec le manichéisme du genre. Son graphisme enlevé et brillant, la majesté de ses décors, l'audace de ses cadrages élèvent Jijé au rang de maître.

Jerry Spring. L'Or de Personne, extrait de *Tout Jijé, 1974-1977*, éd. Dupuis, 1997, p. 41.

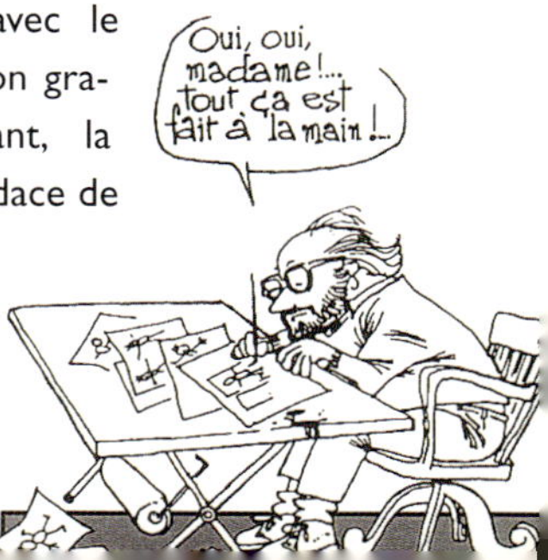

Caricature de Jijé par lui-même, extraite de *Tout Jijé, 1974-1977*, éd. Dupuis, 1997, p. 1.

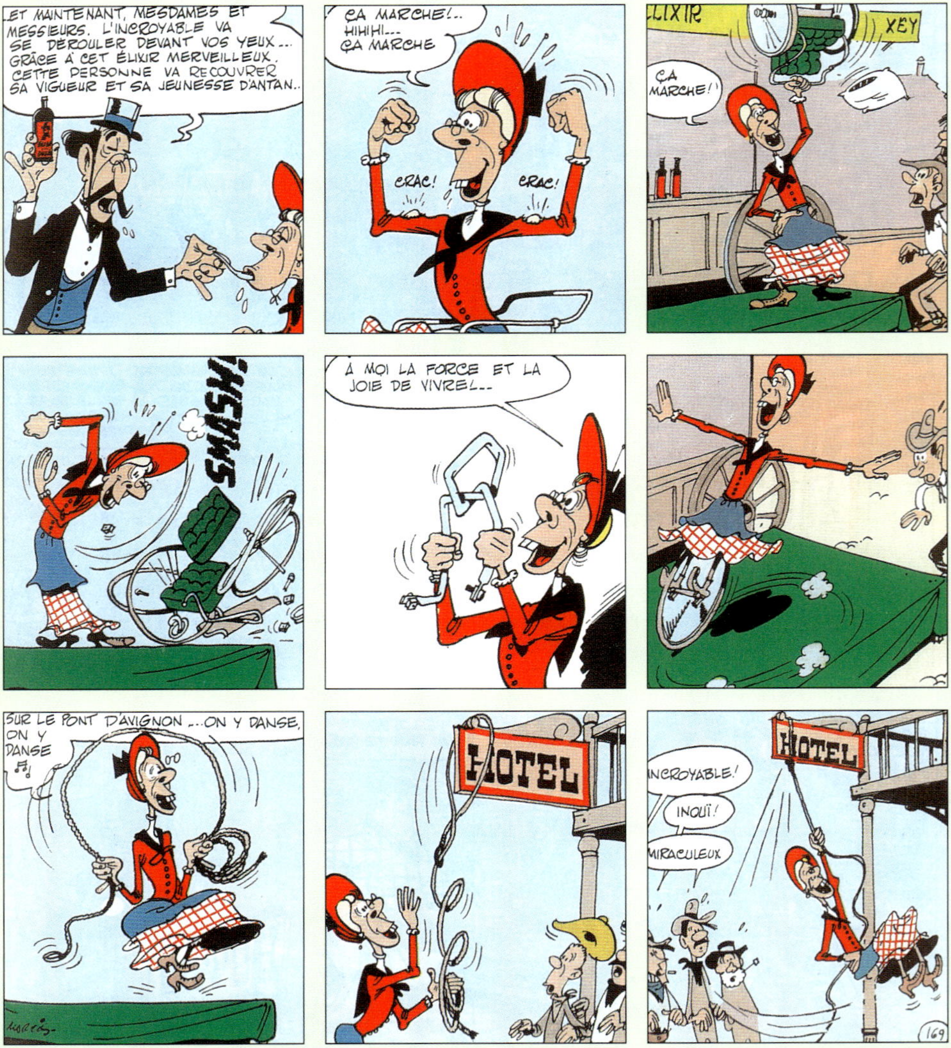

..ET MAINTENANT, MESDAMES ET MESSIEURS, L'INCROYABLE VA SE DÉROULER DEVANT VOS YEUX... GRÂCE À CET ÉLIXIR MERVEILLEUX, CETTE PERSONNE VA RECOUVRER SA VIGUEUR ET SA JEUNESSE D'ANTAN..
ÇA MARCHE!.. HIHIHI... ÇA MARCHE
CRAC!
CRAC!
ELIXIR
ÇA MARCHE!
SMASH!
À MOI LA FORCE ET LA JOIE DE VIVRE!..
SUR LE PONT D'AVIGNON ...ON Y DANSE, ON Y DANSE
HOTEL
HOTEL
INCROYABLE!
INOUÏ!
MIRACULEUX

Morris (Courtrai 1923-2001)

Maurice de Bévère se forme par correspondance aux techniques de l'animation avant d'être engagé au studio CBA (Compagnie belge d'animation). À la fermeture de celui-ci, il rejoint l'atelier de Jijé avec Franquin et Will. On les surnomme la Bande des 4.

À partir de 1945, Morris fournit illustrations et couvertures, réalistes et humoristiques, à *Moustique* et à son pendant flamand *Humoradio*, et à *Het Laatste Niews*.

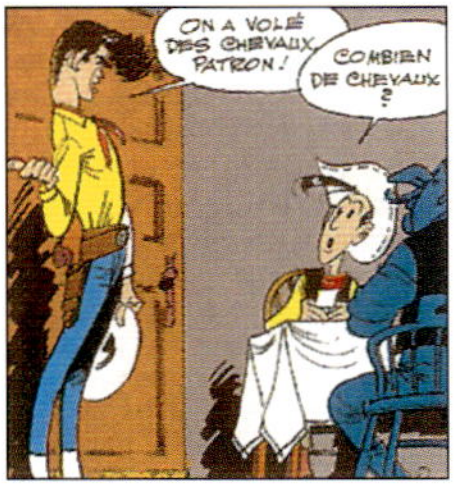

Lucky Luke. L'Élixir du Dr Doxey, éd. Dupuis, 1988, p. 13.

En 1946, il tire de son crayon un Lucky Luke à la silhouette arrondie qui vit sa première aventure, *Arizona 1880*, dans un hors série du journal *Spirou*. Le *poor lonesome cowboy* intègre les pages de *Spirou* dès l'année suivante où il poursuit avec un succès grandissant ses aventures dans un Far West de parodie plus vrai que nature (*La Mine d'or de Dick Digger*). Après des débuts en solo, au cours desquels son style devient plus personnel, alerte et expressif, Morris confie le scénario à Goscinny dès le neuvième épisode, *Des rails sur la prairie* (1955). Les deux hommes se sont rencontrés aux USA où Morris, parti avec Jijé et Franquin, a vécu de 1948 à 1955 et côtoyé les dessinateurs Will Elder, Jack Davis, Harvey Kurtzman.

1968, Goscinny rejoint le magazine *Pilote*. Morris le suit. Lucky Luke y gagne en maturité satirique. À la mort de Goscinny (1977), Morris se tourne vers divers scénaristes parmi lesquels on trouve le tandem Léturgie et Fauche. Édité par Dupuis, puis Dargaud, Morris crée son propre label, Lucky Productions, en 1991. Traduit en 25 langues et fort de 70 albums, Lucky Luke est le cow boy solitaire le plus connu de la planète. Sa vie de personnage de dessin animé et de personnage *live* dans la peau de Terence Hill au cinéma et à la télé y sont pour beaucoup.

Morris est le père de l'expression 9e art.

CI-DESSUS, caricature du Jerry Spring de Jijé (voir page précédente) dans une vignette extraite d'un album de *Lucky Luke* et, CI-DESSOUS, autoportrait de l'auteur en compagnie de son personnage, extraits de Y. Delporte, *La Face cachée de Morris,* Genève, Lucky Productions, p. 22 et p. 1.

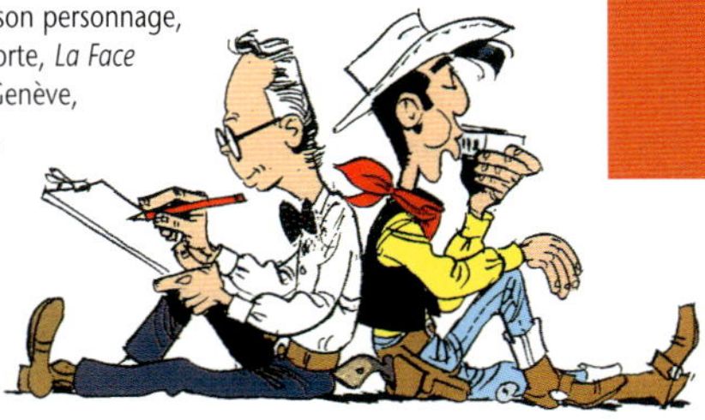

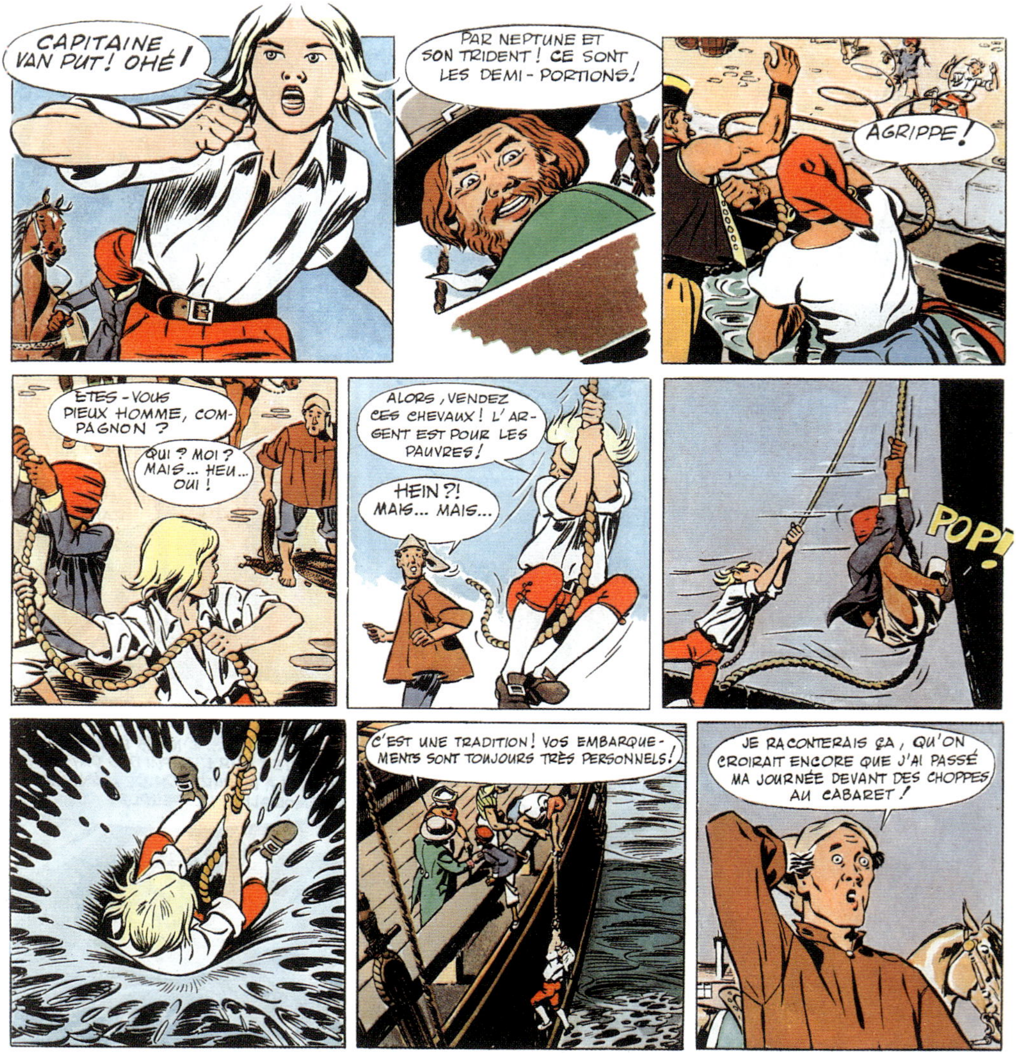
CAPITAINE VAN PUT ! OHÉ !
PAR NEPTUNE ET SON TRIDENT ! CE SONT LES DEMI-PORTIONS !
AGRIPPE !
ETES-VOUS PIEUX HOMME, COMPAGNON ?
QUI ? MOI ? MAIS... HEU... OUI !
ALORS, VENDEZ CES CHEVAUX ! L'ARGENT EST POUR LES PAUVRES !
HEIN ?! MAIS... MAIS...
POP !
C'EST UNE TRADITION ! VOS EMBARQUEMENTS SONT TOUJOURS TRÈS PERSONNELS !
JE RACONTERAIS ÇA, QU'ON CROIRAIT ENCORE QUE J'AI PASSÉ MA JOURNÉE DEVANT DES CHOPPES AU CABARET !

Paul Cuvelier (Lens 1923-1978)

Voici un artiste égaré au pays de la BD. Il a 7 ans quand *Le Petit Vingtième* publie un de ses dessins.

Il se forme à l'académie des Beaux-Arts de Mons.

Très tôt, Cuvelier imagine et dessine plusieurs personnages, dont Corentin Feldoë, un jeune orphelin breton du XVIIIe siècle qui rêve de partir en mer.

Il a 20 ans quand il présente ses travaux à Hergé. Celui-ci, très impressionné, l'invite à rejoindre, en 1946, l'équipe de départ de l'hebdomadaire *Tintin*, composée d'Hergé, Jacobs et Laudy. Un essai probant sur un scénario de Jacobs et Hergé dans le genre western est suivi, en 1947, par *L'extraordinaire odyssée de Corentin Feldoë*, remarquable par sa facture éblouissante et sa puissance narrative. Fruit des influences conjuguées de Paul Féval, Daniel Defoe et Rudyard Kipling, la série s'enrichit de deux autres épisodes où chaque case est une composition exemplaire. Corentin rejoint le panthéon des héros de BD.

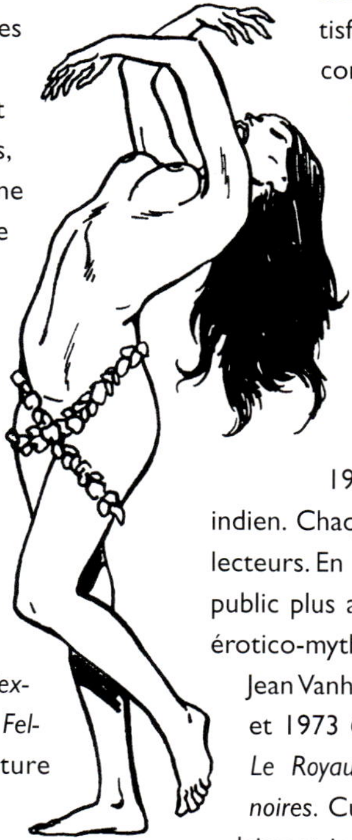

Corentin. Le Poignard magique, éd. Dupuis, 1980, p. 39.

Mais Cuvelier est un véritable artiste dans l'âme, avec ses élans créateurs et ses doutes abyssaux. En 1950, insatisfait, il renonce à la BD pour se consacrer à l'art avec un grand A. Dès 1953, poussé par la nécessité, il réintègre les pages de *Tintin* et livre divers travaux qu'il juge alimentaires.

1959 voit le retour de Corentin, 1960, la naissance de *Flamme d'Argent* (scénario de Greg) mettant en scène ses héros Éderic et Euzémius, et 1962, l'apparition de Wapi, jeune indien. Chaque création fait le bonheur des lecteurs. En 1966, Cuvelier se tourne vers un public plus adulte et crée *Époxy*, une œuvre érotico-mythologique sur un scénario de Jean Vanhamme avec qui il réalise en 1966 et 1973 *Corentin et le Prince des sables* et *Le Royaume des eaux noires*. Cuvelier meurt laissant inachevé *Corentin et l'Ogre rouge* (scénario de Jacques Martin).

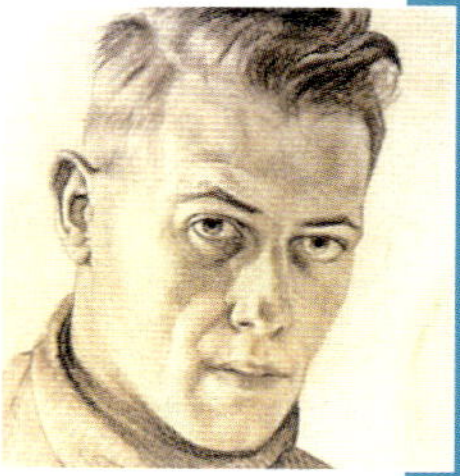

AU CENTRE : *Époxy,* éd. Horus, 1977.
CI-CONTRE : autoportrait extrait de *Le Lombard 1946-1996. Un demi-siècle d'aventure,* Le Lombard, 1996, t. 1, p. 9.

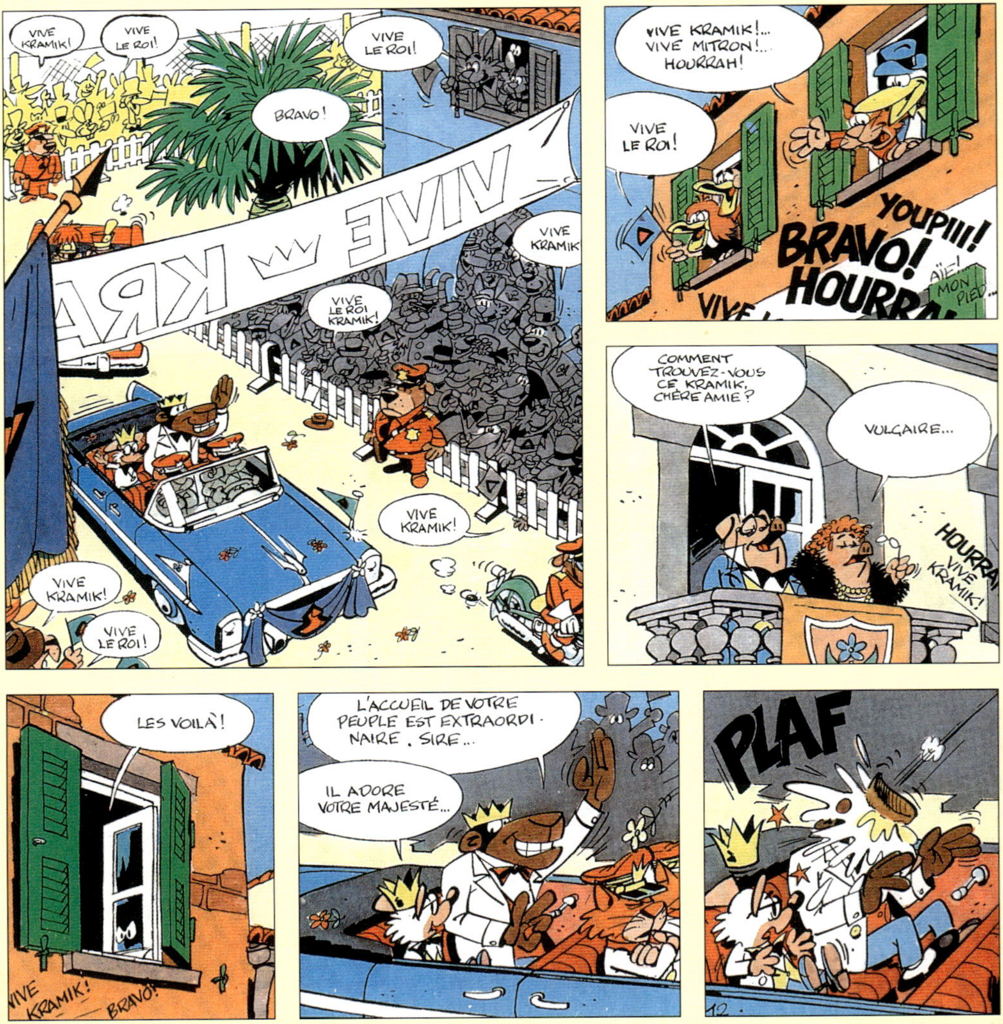

VIVE KRAMIK!
VIVE LE ROI!
VIVE LE ROI!
BRAVO!
VIVE KRAMIK
VIVE LE ROI KRAMIK!
VIVE KRAMIK!
VIVE KRAMIK!
VIVE LE ROI!
VIVE KRAMIK!... VIVE MITRON!... HOURRAH!
VIVE LE ROI!
YOUPIII!
BRAVO!
HOURRA
AÏE! MON PIED...
COMMENT TROUVEZ-VOUS CE KRAMIK, CHÈRE AMIE?
VULGAIRE...
HOURRA
VIVE KRAMIK!
LES VOILÀ!
VIVE KRAMIK!
BRAVO!
L'ACCUEIL DE VOTRE PEUPLE EST EXTRAORDINAIRE, SIRE...
IL ADORE VOTRE MAJESTÉ...
PLAF

Avant d'apporter au 9e art sa contribution, Macherot débute comme journaliste et caricaturiste dans la presse et signe *Zara* (dès 1947).

En 1952, il rejoint la rédaction du journal *Tintin* où il apprend, avec le graphiste et dessinateur Evany, les rudiments de la mise en page. En 1953, il livre une lecture du *Monde perdu* de Conan Doyle, bande dessinée, réaliste qui convainc de son talent. La même année, il s'illustre dans un autre récit bref : *Mission Chèvrefeuille* qui, par son style humoristique, préfigure ce qui deviendra la veine de prédilection de Macherot : la bande dessinée animalière.

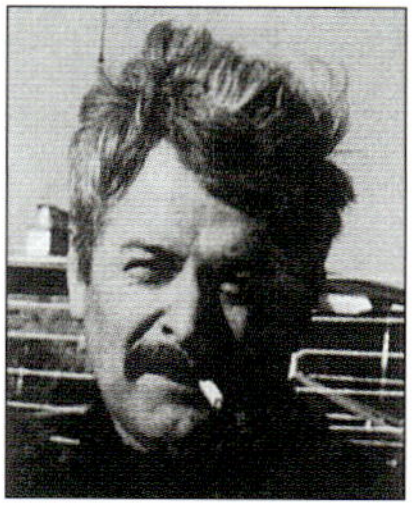

En 1954 arrivent Chlorophylle le lérot et ses copains de la campagne : Minimum le muscardin, Rase-mottes le basset, qui ont maille à partir avec le méchant Anthracite. Macherot transpose l'ambiance des vieux polars dans un univers animalier d'où la poésie et l'humour ne sont pas absents, donnant à sa série un ton particulier. De plus, sa palette étonne : ses couleurs sont franches et inattendues.

1956 voit l'apparition dans les pages de *Tintin* de Klaxon, le caneton. Puis Macherot délaisse un temps les animaux pour donner vie au Père la houle, vieux loup de mer, et Clifton, le détective amateur, pendant trois enquêtes qu'il signe de son nom.

En 1964, il abandonne ses personnages au journal *Tintin* pour passer au journal *Spirou* où il renoue avec son style animalier en créant les séries *Chaminou*, *Sibylline* et encore *Pantoufle* (scénario de Goscinny) et *Mirliton* (scénario de Cauvin).

Marqué par Milton Caniff, ce grand admirateur des estampes japonaises a créé des personnages parmi les plus attachants de la BD. Des auteurs qui se réclament de lui, on peut citer, entre autres, Wasterlain et André Geerts.

PAGE DE GAUCHE : *Chlorophylle à la rescousse*, éd. Le Lombard, 1983, p. 14.

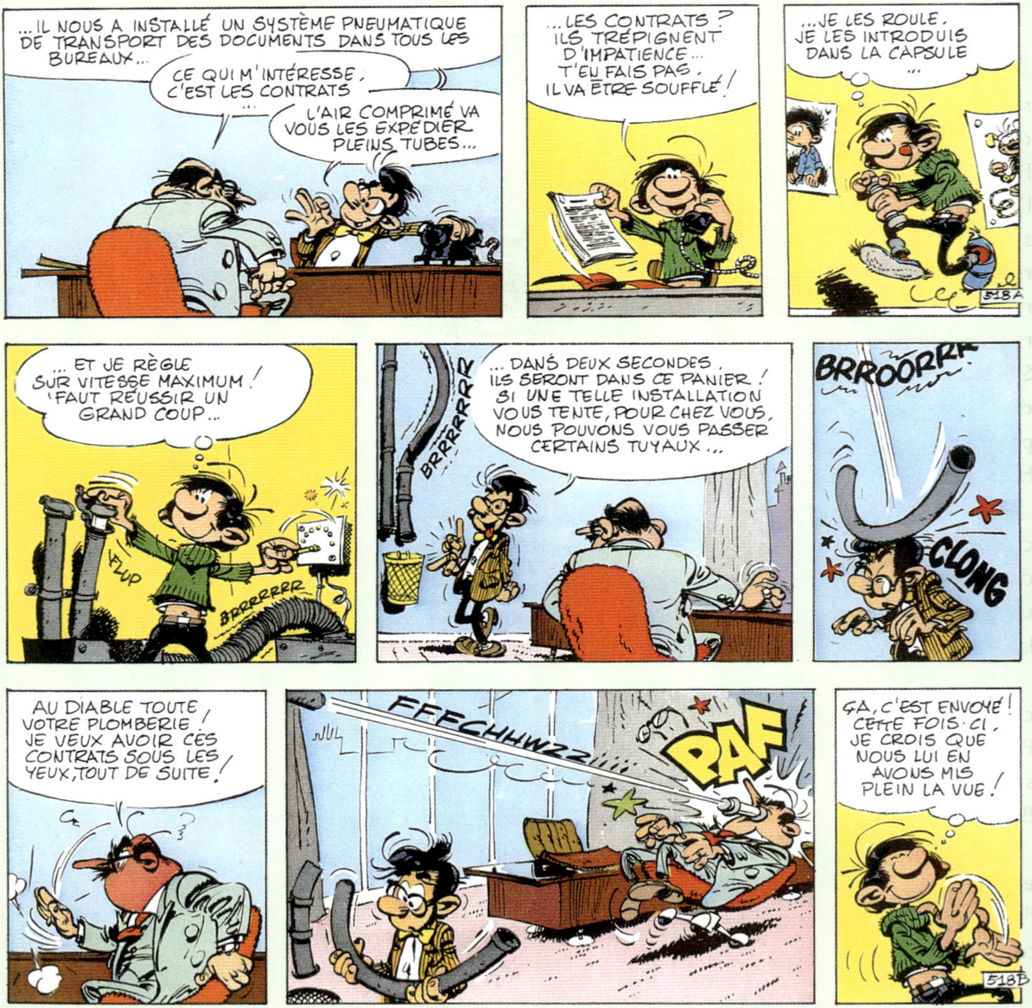

Gaston Lagaffe, n°9, éd. Dupuis, 1997, p. 31.

André Franquin (Etterbeek 1924-Saint-Laurent du Var 1997)

André Franquin a 20 ans lorsqu'il entre dans un studio d'animation comptant de jeunes talents tels Morris, Peyo, Eddy Paape. Quand l'aventure du studio CBA s'achève, il rencontre Jijé, responsable du journal *Spirou*. En 1946, Franquin reprend le personnage de Spirou, créé par Rob-Vel et déjà repris par Jijé lui-même pendant la guerre. *Le Tank* est sa première histoire. En 1968, il laisse la série à Fournier.

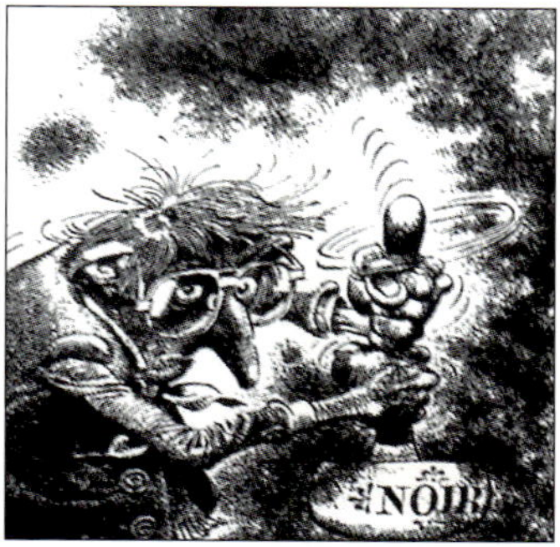

Autoportrait en couverture de *Idées noires*, éd. Fluide glacial, 2001.

Simultanément, Franquin collabore comme illustrateur dans les titres de presse du groupe Dupuis. Le plus fameux représentant de l'école de Marcinelle forge son talent.

En 1952, dans *Les Héritiers de Spirou*, il crée le plus fabuleux animal imaginaire de la BD : le marsupilami (appelé à devenir une série à part entière sous le crayon de Batem).

Sur un différend avec Dupuis, Franquin entre au journal *Tintin* en 1955 où il crée l'irrésistible série *Modeste et Pompon*. Entretemps, son conflit avec Dupuis s'arrange et il reprend du service dans *Spirou*. Jusqu'en 1959, Franquin travaille pour les deux journaux.

En 1957, Gaston Lagaffe fait littéralement ses premiers pas à l'encre bleue dans *Spirou* avant d'y occuper, sous forme de strips puis de planches, la place qui revient au plus grand antihéros de la BD européenne. La même année, Franquin crée un personnage mal connu Petit Noël.

Fin des années 1970, Franquin ouvre une voie plus personnelle. Ce sont les *Idées noires* dans le *Trombone illustré*, supplément de *Spirou,* et une galerie de monstres reprise en album sous le titre de *Cauchemarrant*. Sa dernière création sera *La Chronique des Tifous* en 1989.

Inventif dans ses scénarios et gagman invétéré, Franquin possédait une maîtrise graphique que lui enviait Hergé, qui disait de lui qu'il était un grand artiste à côté duquel lui n'était qu'un piètre dessinateur.

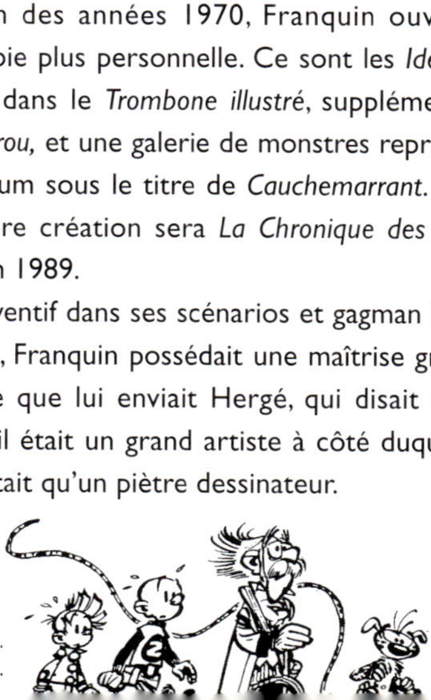

Spirou et Fantasio. Z comme Zorglub, éd. Dupuis, 2002.

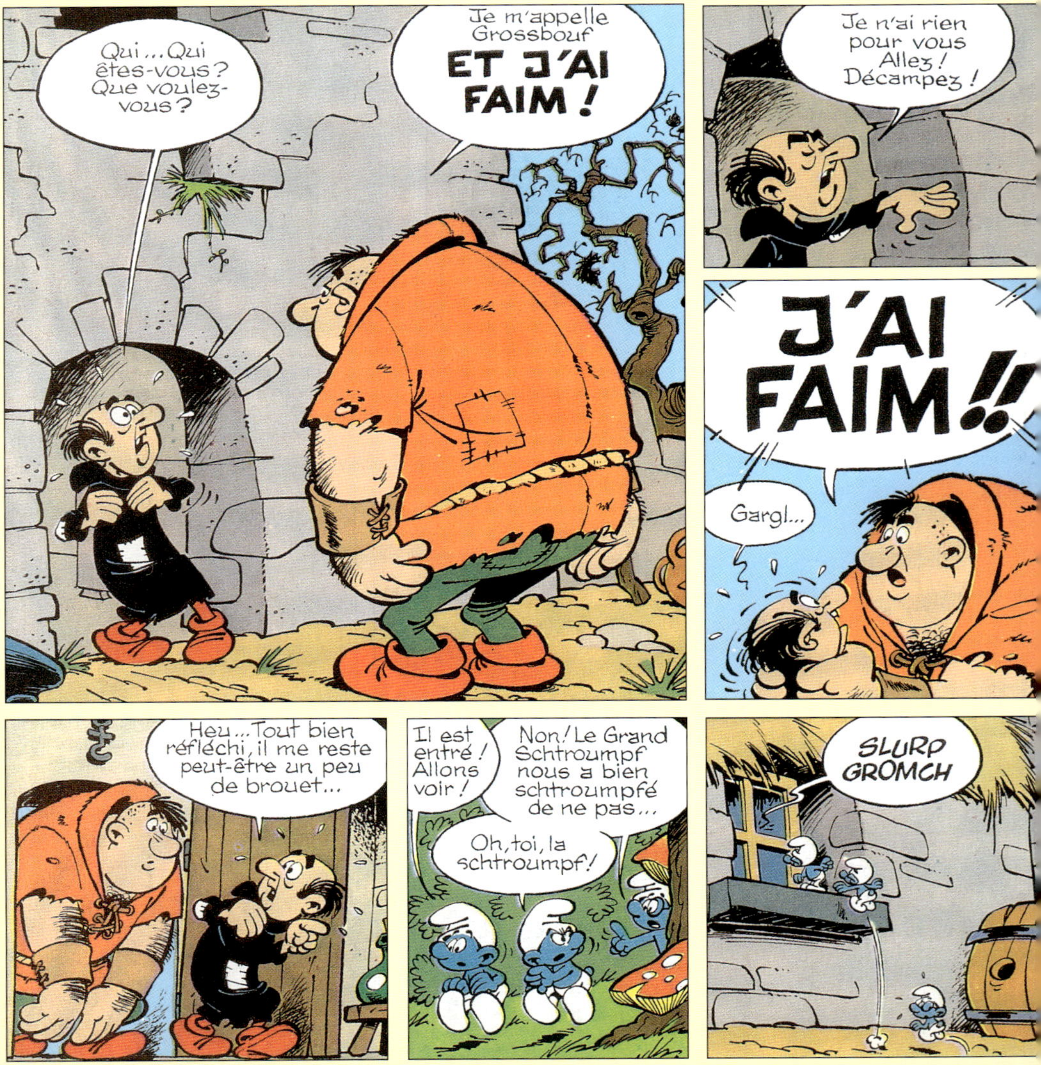

Qui ... Qui êtes-vous ? Que voulez-vous ?
Je m'appelle Grossbouf
ET J'AI FAIM !
Je n'ai rien pour vous Allez ! Décampez !
J'AI FAIM !!
Gargl...
Heu ... Tout bien réfléchi, il me reste peut-être un peu de brouet...
Il est entré ! Allons voir !
Non ! Le Grand Schtroumpf nous a bien schtroumpfé de ne pas...
Oh, toi, la schtroumpf !
SLURP GROMCH

Peyo se fait la main au studio CBA (Compagnie belge d'animation), là où Morris, Eddy Paape et Franquin font eux aussi leurs débuts. À la fermeture du studio, Peyo pense se tourner vers la pub, mais le démon du dessin lui fait envoyer des dessins au quotidien *La Dernière Heure*. En 1946 paraît un gag mettant en scène un jeune page nommé Johan. Ce personnage, qui connaîtra un engouement quelques années plus tard, est alors blond et sans compagnon. En 1950, Johan migre dans *Le Soir* pour finir son voyage éditorial dans *Spirou,* en 1952, dans l'épisode *Le Châtiment de Basenhau*. Johan est devenu brun. Dans *Le Lutin du bois des roches*, Pirlouit est le lutin du titre ; il est blond, râleur et a pour monture une chèvre. Il est et restera le personnage préféré de Peyo. Les lecteurs en font vite la série vedette du journal. En 1958, en réalisant *La Flûte à six trous*, Peyo signe, sans le savoir, l'arrêt de sa propre série. C'est dans cette aventure, rebaptisée plus tard *La Flûte à six schtroumpfs*, qu'apparaissent les Schtroumpfs qui vont le rendre universellement célèbre. Le succès que remportent les petites créatures bleues est tel que le rédacteur en chef de *Spirou*, Yvan Delporte, suggère à Peyo d'en faire une série à part entière. Peyo réussit là l'une des bandes dessinées les plus originales du 9e art, à la lisibilité irréprochable et au langage délirant. Le succès que rencontre la série en dessin animé sur nos chaînes et ensuite aux USA oblige Peyo à s'entourer d'une équipe de plus en plus importante. Des auteurs comme Waltéry, De Gieter, Derib, Wasterlain, Leloup, Francis, Benn, Blesteau… font leurs classes dans son studio.

Peyo est aussi le créateur, entre autres, de Benoît Brisefer et de Poussy.

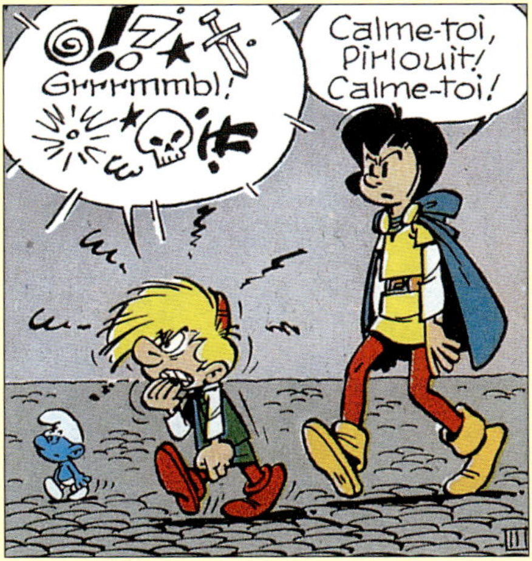

La Soupe aux Schtroumpfs, éd. Dupuis, 1986, p. 5.

Johan et Pirouit. Le Pays maudit, éd. Dupuis, 1975, p. 13.

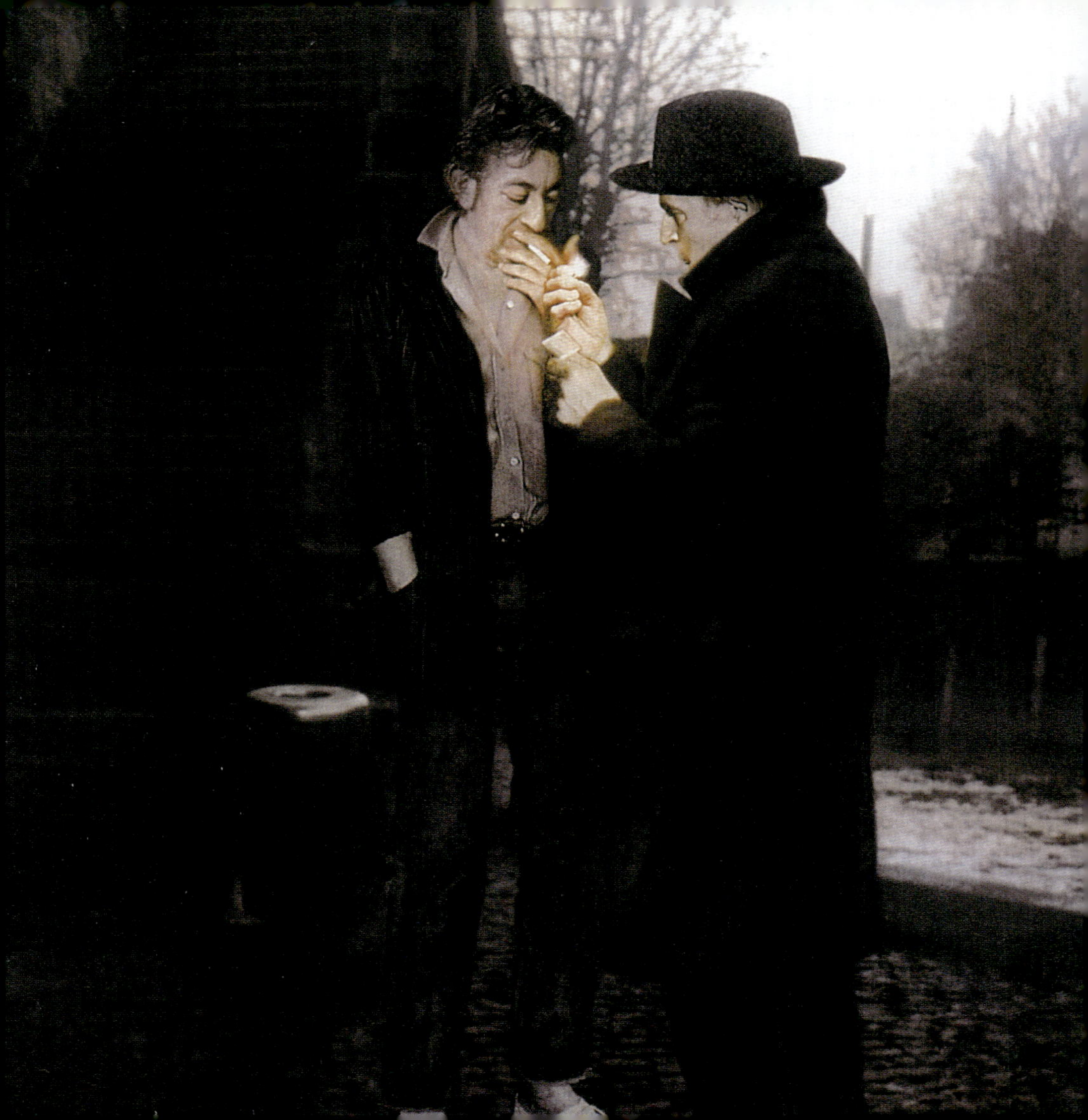

Guy Peellaert (Bruxelles 1939)

Ce dessinateur, comète sur la planète BD, connaît son heure de gloire en 1966. À la suite de la sulfureuse *Barbarella* de Forest, il crée une psychédélique *Jodelle*, qui ressemble à Sylvie Vartan (éditions Losfeld). L'histoire étrange, écrite par Pierre Bartier, emmène le lecteur sur les traces d'une espionne, dans une Rome antique anachronique où se croisent des personnalités du XXe siècle : le pape Paul VI, François Mauriac, les Beatles... Peellaert, en s'appropriant, dans un style très personnel, la technique des à-plats de couleurs et des trames propres au pop'art, signe la première *BD pop'art* (ainsi définie par Umberto Eco) en même temps qu'un chef-d'œuvre, à une époque où la BD pour adultes bouscule la morale.

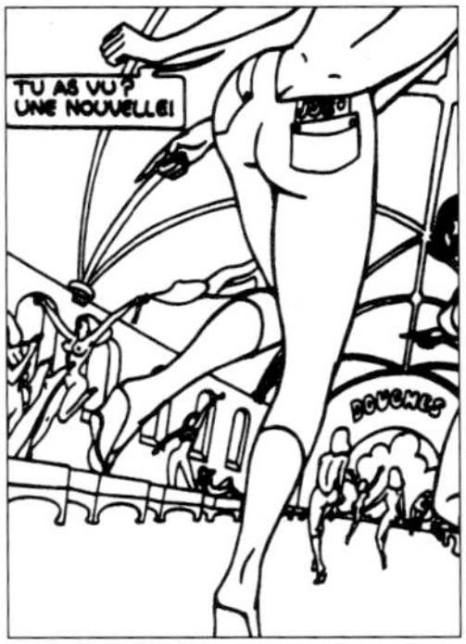

Jodelle, (co-auteur P. Barbier), éd. Losfeld, 1966.

En 1967, Peellaert, avec Pascal Thomas, livre à *Hara-Kiri Pravda la Survireuse*, une héroïne qui emprunte, cette fois, les traits de Françoise Hardy, et fustige la société de consommation. Après, on perd la trace de Peellaert sur la scène de la BD. Suivent deux ouvrages de ses travaux expérimentaux mêlant photo et peinture : *Carashi !* et *Bye, bye, bye Baby, bye, bye*. Il participe à la création des costumes de Zizi Jeanmaire avec Yves Saint-Laurent, César, et réalise des affiches de cinéma.

En 1972, il s'associe avec le critique rock Nik Cohn. Ils publient *Rock Dreams* où ils passent en revue en 125 portraits les stars du rock. Succès international. Peellaert enchaîne avec la création de pochettes de disques mythiques : *It's only rock and roll* (les Stones) et *Diamond Dogs* (Bowie). On reperd sa trace.

En 2000 paraît *Rêves du XXe siècle* où, avec Cohn, Peellaert, pape iconographe du mix média, sert une histoire fantasmée et secrète de notre civilisation.

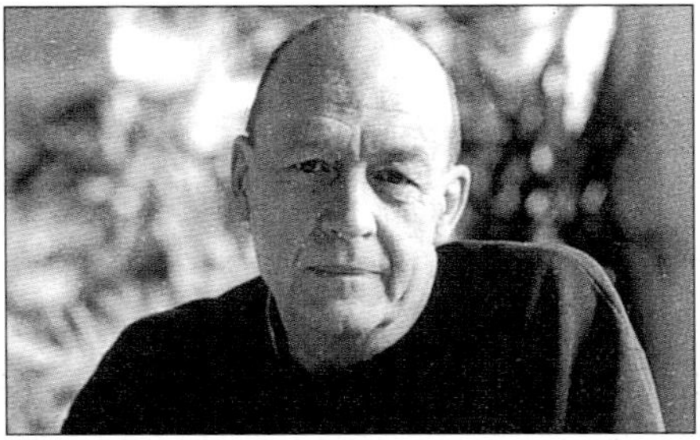

Rêves du XXe siècle, (co-auteur Nik Cohn), "S. Gainsbourg et F. Mitterand", éd. Grasset, 1999.

Ci-contre et en fond à droite :
Jazz Concert, éd. Pyramides-Aplanos, 2001, pp. 43 et 71.

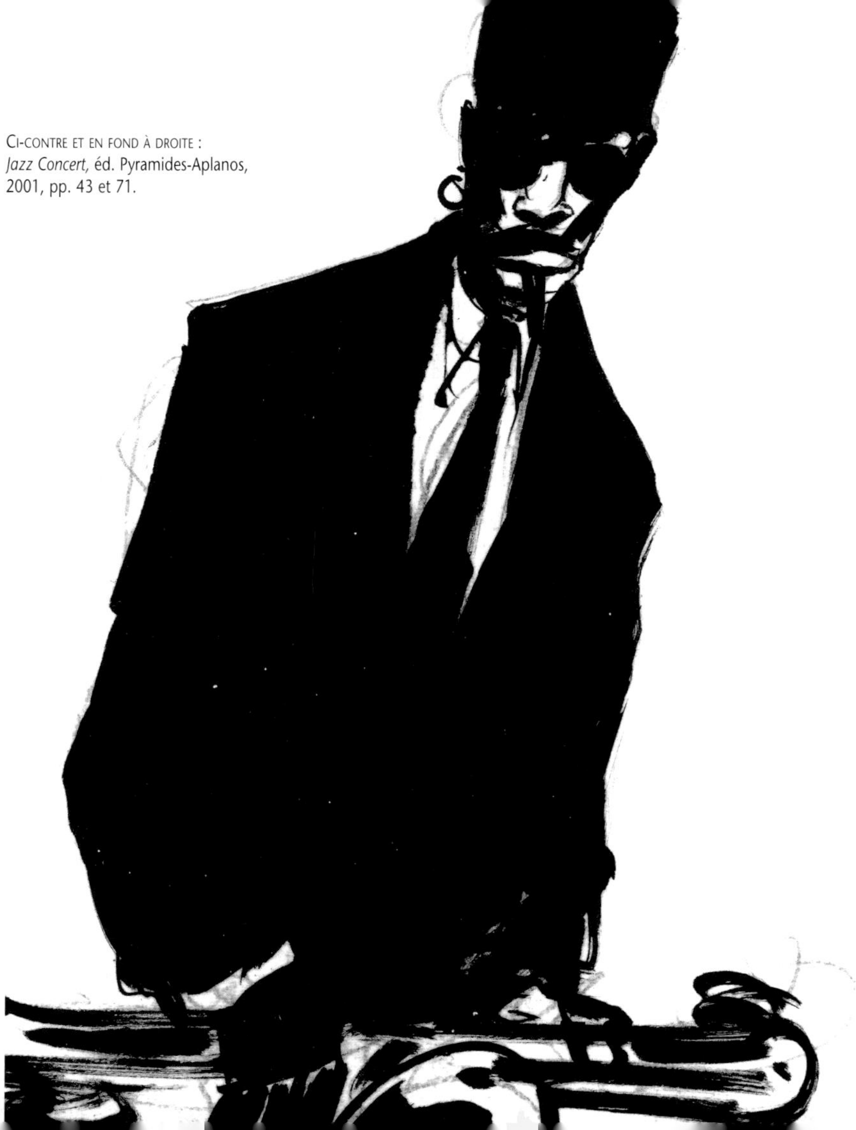

Louis Joos (Auderghem 1940)

Louis Joos est un auteur hors normes. Dessinateur, scénariste, il est en outre pianiste de jazz. L'amour qu'il porte à cette musique a fondé son imaginaire. Cela se ressent dans son œuvre graphique par un mystère relevant d'une alchimie secrète.

Louis Joos a fait des études à l'académie des Beaux-Arts de Bruxelles. Il fait ses débuts comme illustrateur dans l'édition de livres didactiques.

Ses premiers albums paraissent chez Futuropolis à partir des années 1980. Ses histoires se déroulent le plus souvent aux USA et notamment dans les boîtes de jazz de New York. Chaque case de Joos transpire de l'ambiance entourant les musiciens et les lieux où ils jouent et se fait l'écho du swing propre au jazz. Ses sources d'inspiration, outre la musique, sont le cinéma (la nouvelle vague mais aussi Cassavetes) et, la photographie. Adepte du noir et blanc son graphisme s'apparente au clair-obscur, rendant des atmosphères brumeuses et enfumées.

Depuis les années 1990, il se consacre aussi à l'illustration. Chez Pastel, il a réalisé plusieurs ouvrages pour enfants avec Rascal dont les très remarqués et primés *Escales* (*carnet de croquis*), *Le Voyage d'Orégon.* Avec Carl Norac, il a signé six titres (éd. Pastel) et un beau livre à La Renaissance du Livre, *Le Dernier Voyage de Saint-Exupéry*. Il a également illustré *Les Fleurs du Mal* de Baudelaire (éd. La Renaissance du Livre, 2002). Son style se caractérise par un mélange de techniques (peinture à l'huile, aquarelles, fusain, pastel…) donnant un effet de matière. Louis Joos n'en délaisse pas pour autant sa passion, le jazz, ni la bande dessinée qu'il associe pour livrer des opus hommages aux grands maîtres du jazz que sont Monk, Mingus, publiés par des petits labels indépendants (éd. PMJ, Points Images, Pyramides).

Joos enseigne la bande dessinée à l'académie de Boitsfort à Bruxelles.

Musique de nuit,
éd. Futuropolis, 1987, p. 15.

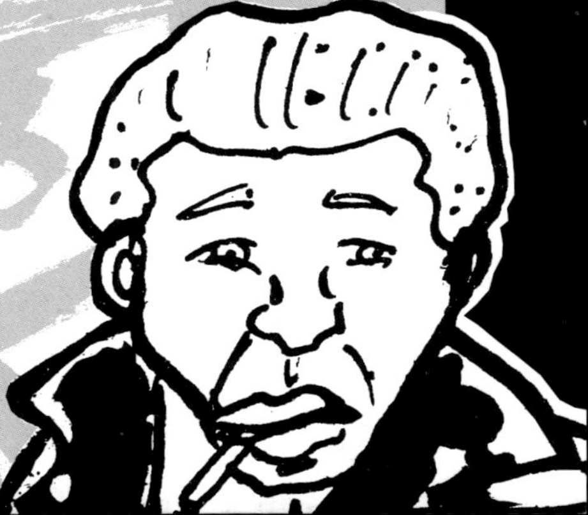

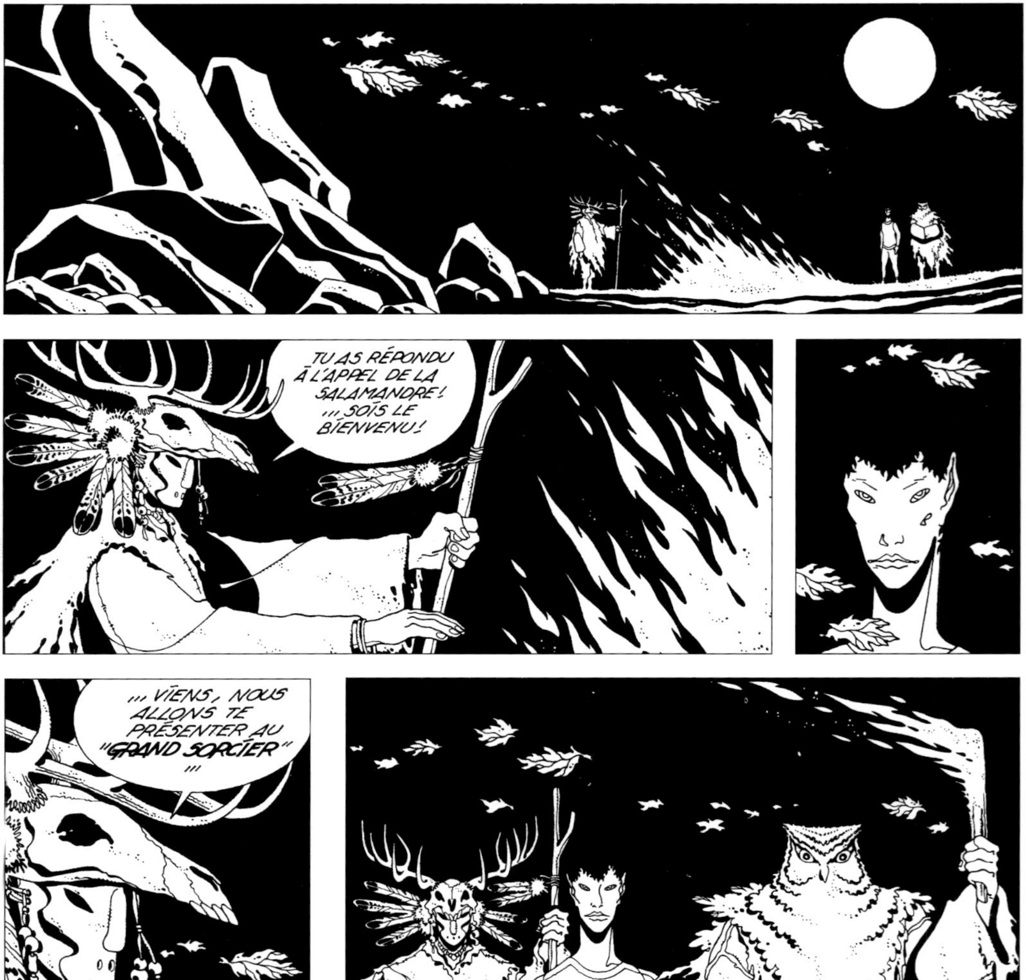

La Belette, éd. Casterman, 1983, p. 45.

Didier Comès est né en Belgique, dans le canton germanique, aux frontières de la latinité et de la Germanie. Ce métissage de deux cultures donne une richesse surprenante à son œuvre.

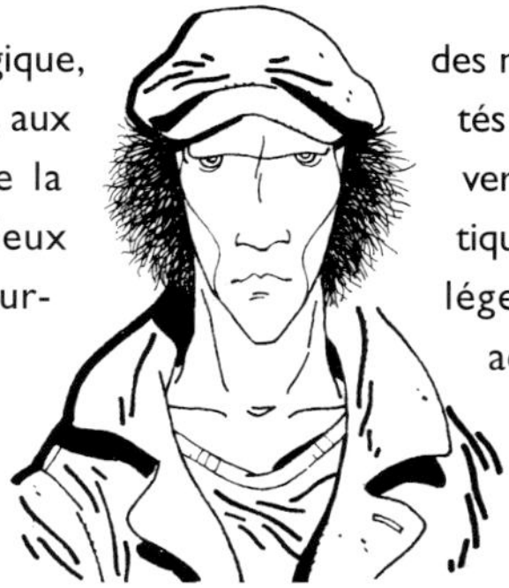

Ci-dessus et ci-dessous : *Silence,* éd. Casterman,1980, pp. 19 et 154.

Après avoir exercé le métier de dessinateur industriel, il vient à la bande dessinée par la presse. Ses dessins paraissent dans le supplément jeunesse du journal *Le Soir* et dans l'édition belge du magazine *Pilote*, puis en album.

En 1973, il entreprend la série *Ergün l'errant*, un *space opera*, paraissant d'abord dans *Pilote* et ensuite dans *(À suivre)*.

Dès 1976, il publie, dans le magazine *Tintin, L'Ombre du corbeau*.

En 1979, il connaît le succès avec *Silence*. Cette histoire paysanne d'un sourd-muet analphabète, qu'il livre en chapitres au magazine *(À suivre),* le propulse au premier rang des monstres de la BD adulte, aux côtés de Pratt, Tardi, Giraud... Son univers fortement ancré dans le fantastique onirico-poétique des contes et légendes, servi par un graphisme acéré d'une limpidité fulgurante, dans la grande tradition du noir et blanc, continuera de se construire d'album en album. *La Belette, Éva, L'Arbre-Cœur, Iris, La maison où rêvent les arbres, Les Larmes du tigre* (Casterman) confirment ce talent majeur de la bande dessinée dite adulte.

Les histoires de Comès, toujours rythmées par la nature, sont d'une humanité profonde. Ses personnages, aux prises avec des forces tantôt magiques, tantôt maléfiques, sont attachants en ce qu'ils n'oublient jamais leurs origines ni leur destinée.

Comès se réclame de Milton Caniff, Hugo Pratt et de José Muñoz.

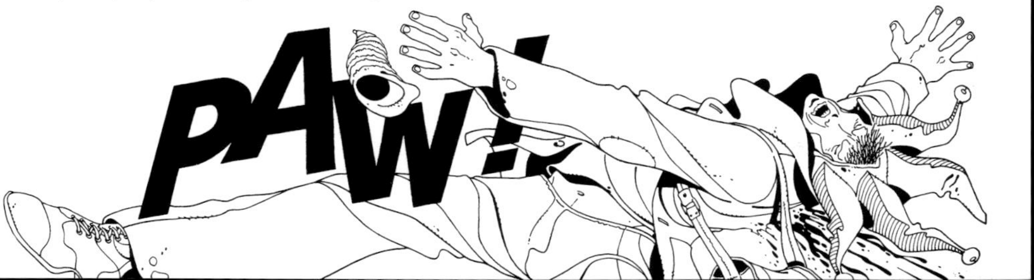

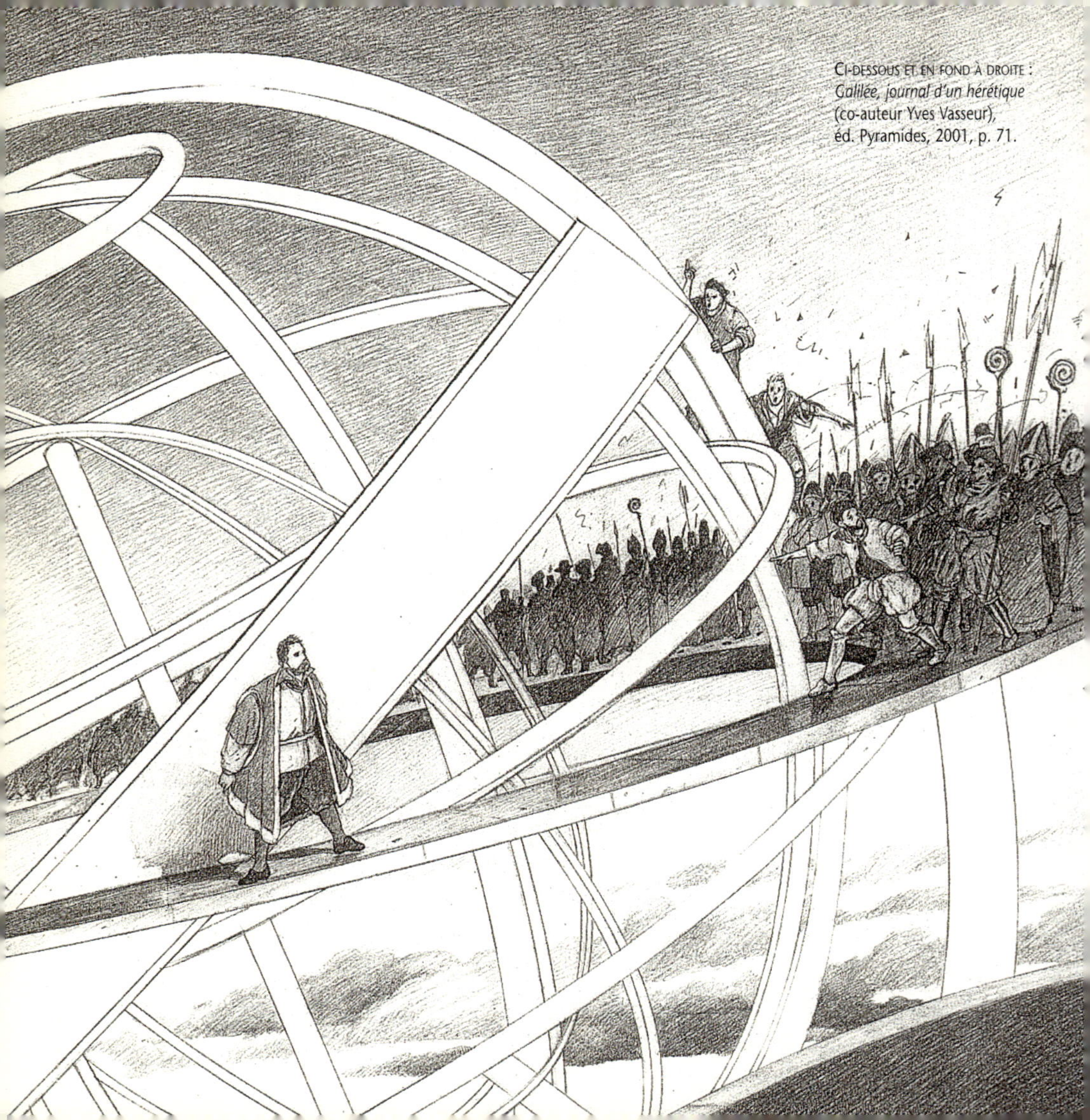

CI-DESSOUS ET EN FOND À DROITE :
Galilée, journal d'un hérétique
(co-auteur Yves Vasseur),
éd. Pyramides, 2001, p. 71.

Quand il entre à l'institut Saint-Luc, à Bruxelles, pour y suivre les cours de peinture et de BD (alors donnés par Eddy Paape), Claude Renard ne se doute pas qu'il va y demeurer au-delà de ce que sa formation exige. En effet, il devient bientôt l'assistant de son professeur, puis reprend sa charge de cours en 1976. Au sein de cette prestigieuse école, il anime l'atelier R, qui verra naître quelques grands noms d'un art qui cherche et trouve un nouveau souffle. Andréas, Berthet, Cossu, Foerster, Schuiten, Sokal, Swolfs… en sont. Renard est aussi à l'origine du mythique collectif *Le Neuvième Rêve* qui permet à ses élèves de publier annuellement leurs travaux dans un support de qualité.

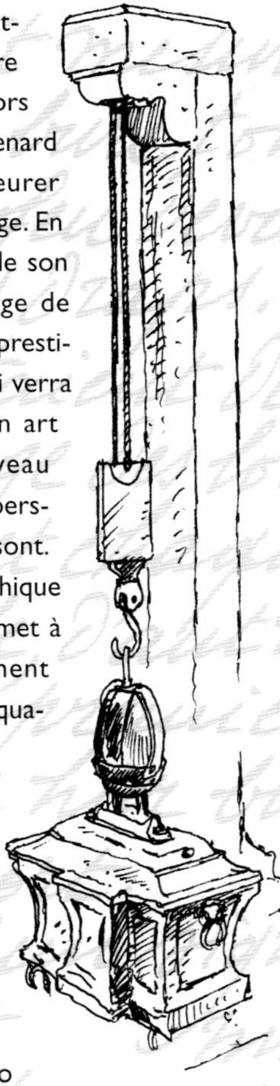

Parallèlement à son activité pédagogique, Claude Renard est lui-même dessinateur et cela depuis sa grande jeunesse. De 1963 à 1966, il est l'auteur dans *Spirou* de quelques *Belles histoires de l'oncle Paul*. En 1980, avec Schuiten, il imagine le scénario et dessine *Aux médianes de Cymbolia*, suivi en 1981 du *Rail*, dans *Métal Hurlant* (réédition chez Casterman en 2002). Pour ces deux titres, les auteurs travaillent en parfaite symbiose à toutes les étapes de la création, selon la technique des couches successives, passant et repassant l'un et l'autre sur les planches. Ce duo va encore travailler aux décors et costumes du film *Gwendoline* de Just Jaeckin. En 1983, il crée *Ivan Casablanca*, une série onirico-fantastique, d'abord seul puis avec le scénariste Jean-Luc Fromental. Renard se distingue par un graphisme d'une grande virtuosité et par un style mêlant plusieurs techniques : crayon, plume, lavis… En 2001, il livre *Galilée, journal d'un hérétique* aux éditions Pyramides, un ouvrage dans lequel son esthétique époustouflante convainc page après page.

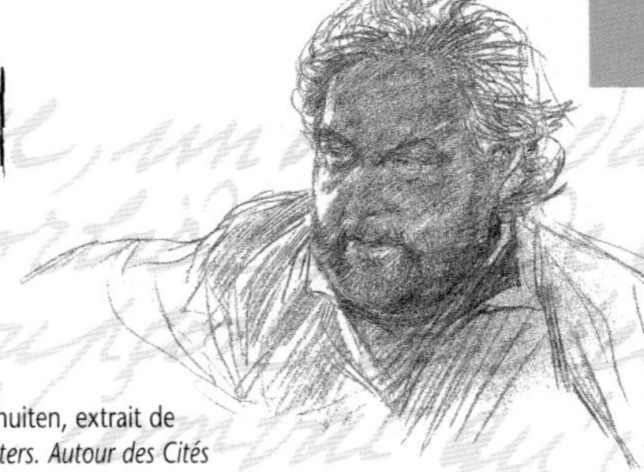

Portrait par Schuiten, extrait de *Schuiten et Peeters. Autour des Cités obscures,* éd. Mosquito, 1994, p. 31.

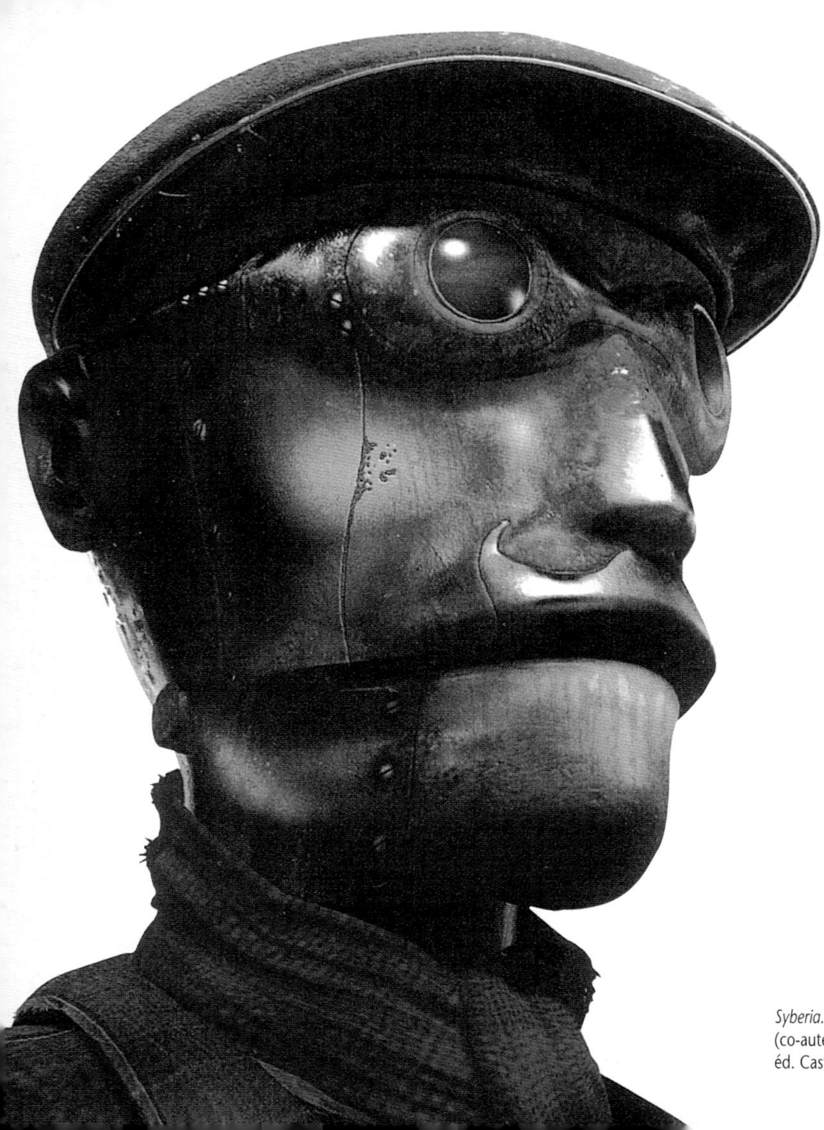

Syberia. Esthétique du jeu,
(co-auteur G. Lemarié),
éd. Casterman, 2002, p. 10.

Benoît Sokal (Bruxelles 1954)

Élève de Claude Renard, dans la section BD de l'institut Saint-Luc à Bruxelles, Sokal rejoint le collectif *Le Neuvième Rêve*, en 1978, où il livre des récits courts réalistes. La même année, il figure au sommaire du numéro 1 d'*(À suivre)* avec une fable écologique : *Vie et mœurs du colibri géant*. Dans le numéro 2, il crée Canardo, un privé cynique, déprimé, fumeur, qui ne crache pas sur un verre, doué pour résoudre des enquêtes tordues. Tandis que sa série anthropomorphique s'étoffe au fil des ans (13 albums à ce jour), son graphisme fouillé façon les *Idées noires* de Franquin s'épure, donnant la vedette aux personnages. Toujours dans *(À suivre)*, il jalonne sa production de deux récits longs, dans une veine réaliste, où il se montre tout aussi à l'aise : *Sanguine*, récit historique scénarisé par Alain Populaire et *Le Vieil Homme qui n'écrivait plus*, une histoire d'amour dans le maquis français (éd. Casterman). Chez Nathan, il réalise avec François Rivière *Silence on tue*, un polar.

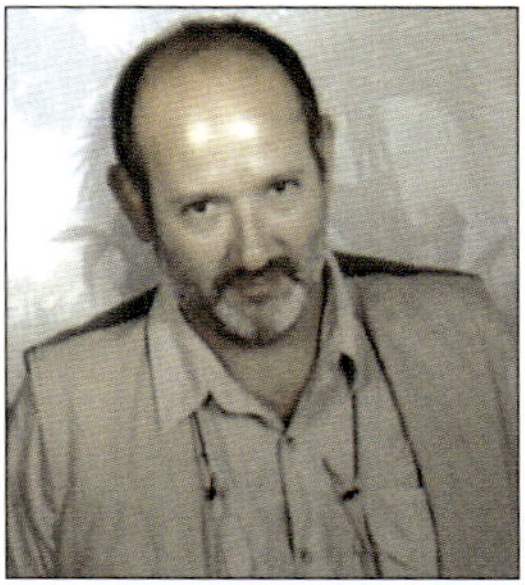

À la fin des années 1990, sans délaisser la bande dessinée, Benoît Sokal explore avec talent les possibilités graphiques qu'offre l'informatique et crée un premier jeu vidéo sur CD-rom : *L'Amerzone* (1999) qui fait exister en 3D l'univers de l'album de la série *Canardo* paru sous le même titre. Cette incursion dans un nouveau mode d'expression se révèle être un coup de maître pour l'auteur. En 2002, il livre *Syberia*, le premier volet d'un nouveau jeu vidéo. Ce jeu d'aventures, empreint d'émotion, dépasse les jeux vidéo classiques par la richesse de ses décors baroques et Art déco, et l'exigence du scénario. Les éditions Casterman ont publié deux ouvrages présentant les dessins et travaux préparatoires de ces jeux.

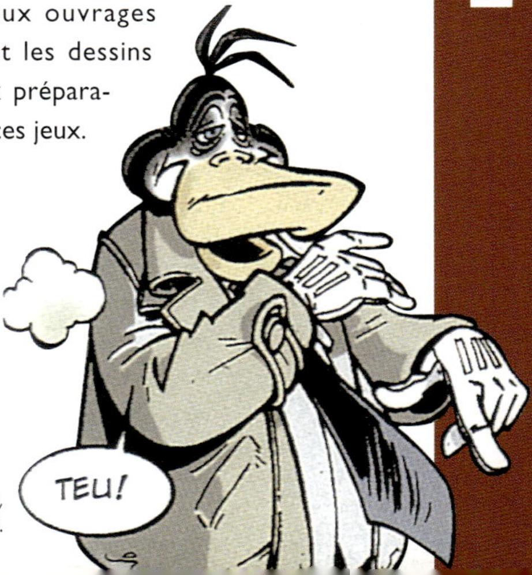

Canardo. Un misérable petit tas de secrets,
éd. Casterman, 2001, p. 16.

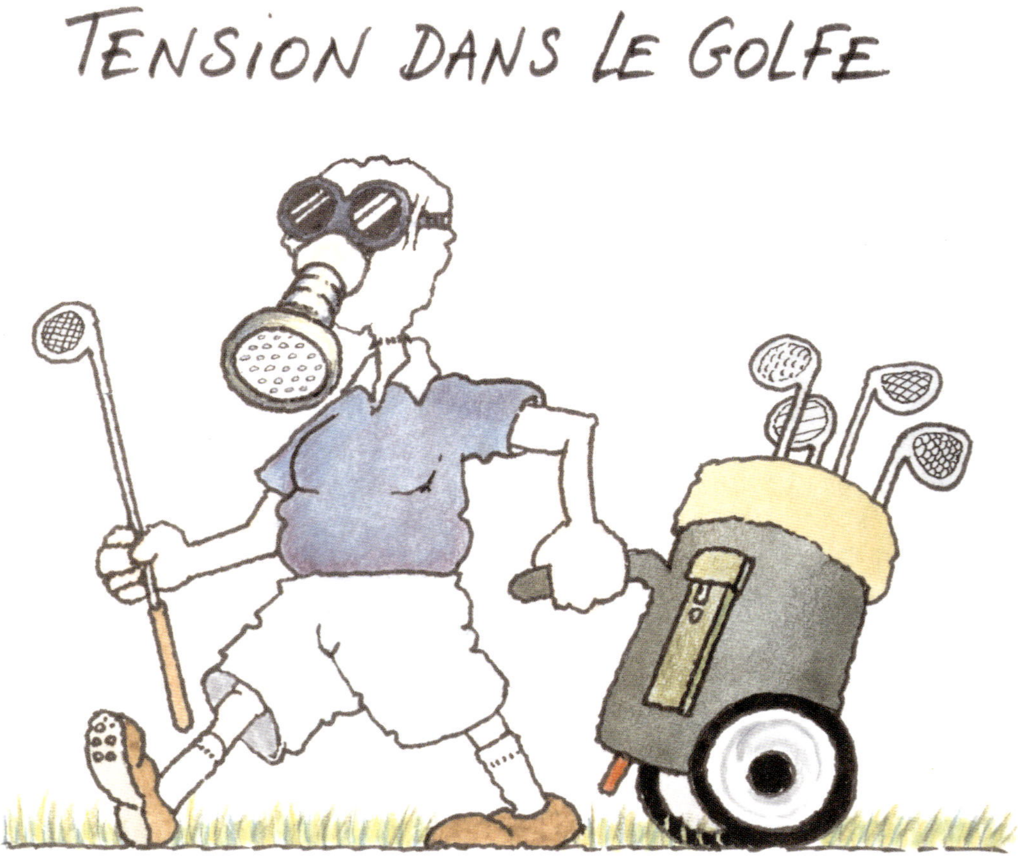

CI-DESSUS ET À DROITE : *Le Chat au Congo,*
éd. Casterman, 1993, pp. 35 et 39.

Philippe Geluck (Bruxelles 1954)

Geluck fait des études d'Arts vivants à l'INSAS à Bruxelles. Il débute sur les planches du Théâtre national de Belgique en 1975 où il joue des pièces du répertoire pendant une dizaine d'années. On le voit, entre autres, dans *Werther*, *Roméo et Juliette, Faust, Les Gros Chiens* et l'*Opéra de quat'sous*. En 1982, il crée au Théâtre de Poche de Bruxelles *Un certain Plume* de Michaux. Tout en faisant l'acteur, il entre à la télévision belge où il anime l'émission culte pour enfants *Lollipop* et *L'Esprit de famille*.

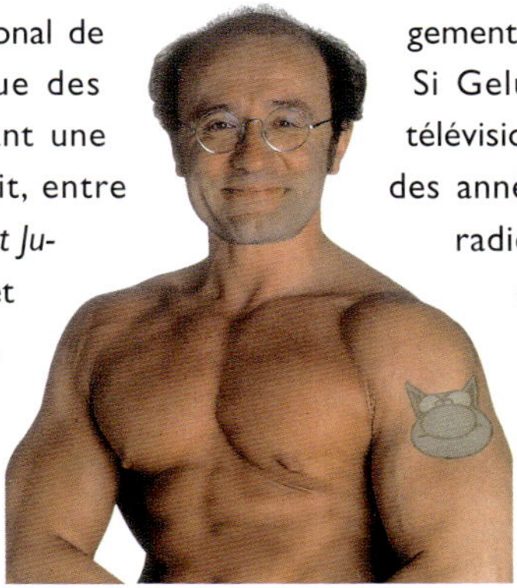

Autoportrait en couverture de *Le Petit Roger*, éd. Casterman, 1998.

Au printemps 1983, il accouche d'un gros chat myope et statique, invariablement vêtu d'un grand manteau, dans les pages du journal *Le Soir*. Un premier recueil de ses gags et strips, intitulé *Le Chat,* paraît, en 1986, aux éditions Casterman. Le public français fait la connaissance de ce félin cartésien en diable, au point d'en devenir un champion du non-sens, quelque temps plus tard dans les pages d'*(À suivre)*, *VSD*, *L'Événement du Jeudi*, *Libération* et la presse quotidienne régionale. Le succès gagne Outre-Quiévrain, que le rythme régulier de parution des albums (11 titres) amplifie largement.

Si Geluck a entre-temps quitté la télévision, il revient à la RTBF, à la fin des années 1980, dans les émissions radiophoniques de Jacques Mercier : *La Semaine infernale* et *Le Jeu des dictionnaires*. C'est dans ce cadre-là qu'il crée le Docteur G, un médecin Censé répondre au courrier des auditeurs, dont les réponses paraissent en albums chez Casterman (3 titres). Il est aussi l'auteur d'une *Encyclopédie universelle décapante* (3 titres).

En homme des médias, Philippe Geluck sévit, avec le même humour que son Chat, sur les chaînes télé et radio françaises depuis 1992.

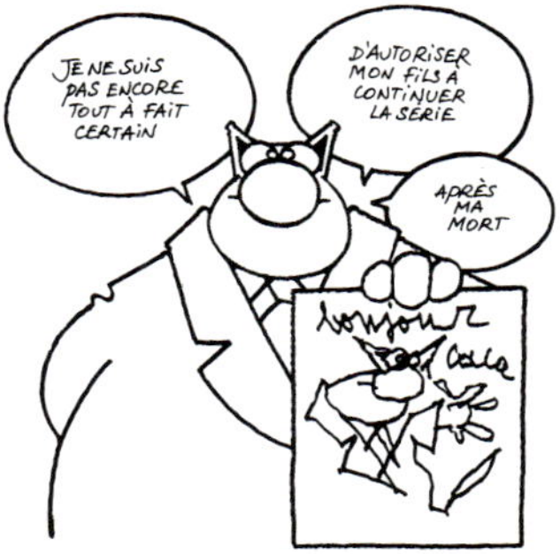

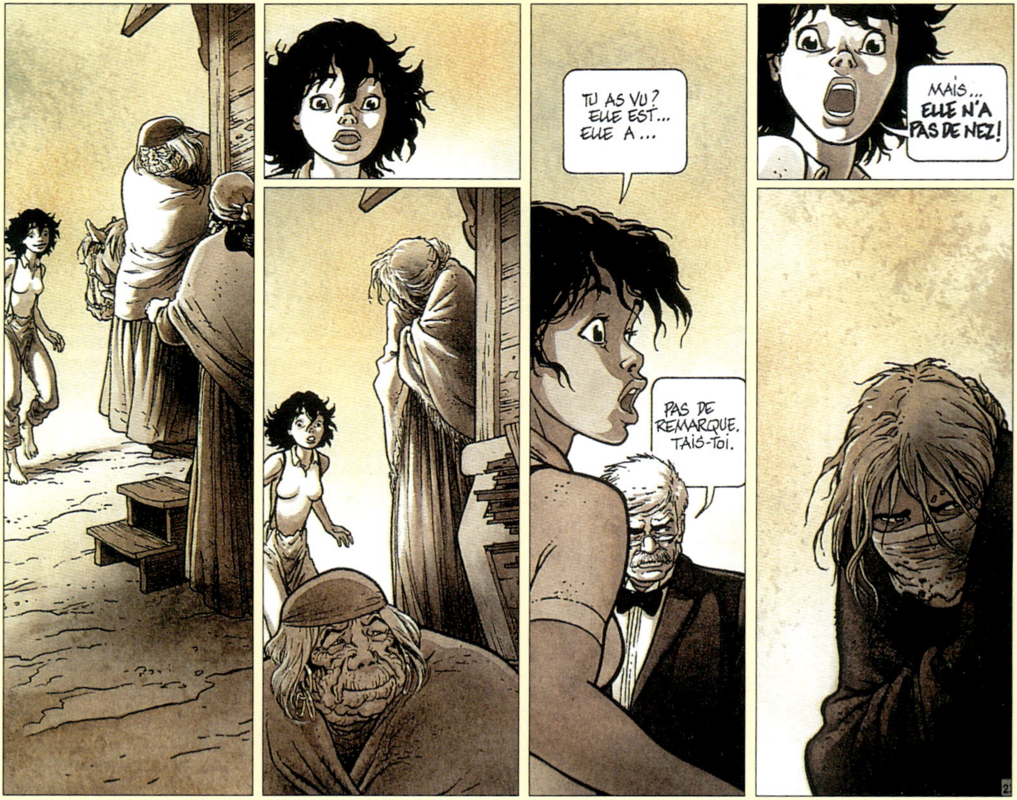

CI-DESSUS ET À DROITE : *Zoo 1* (co-auteur Bonifay), éd. Dupuis, coll. "Aire Libre", 1994, pp. 25 et 28.

Deux auteurs signent Frank dans le domaine de la BD. L'un, Frank Pé, est dessinateur et belge, l'autre, Frank Reichert, est scénariste et français.

Frank Pé se forme aux arts plastiques à l'institut Saint-Luc à Bruxelles.

En 1973, il rejoint le journal *Spirou* où, pour sa première contribution, il est accueilli dans la rubrique "Carte blanche". Il est ensuite hébergé dans les rubriques "Nature et Jeunesse". Ce grand amoureux de la nature crée en 1978 son héros Broussaille, un adolescent idéaliste, préoccupé par les questions liées à la nature et à l'environnement, présentateur d'articles publiés sous les intitulés *Carnets de notes* et *Papiers de Broussaille*.

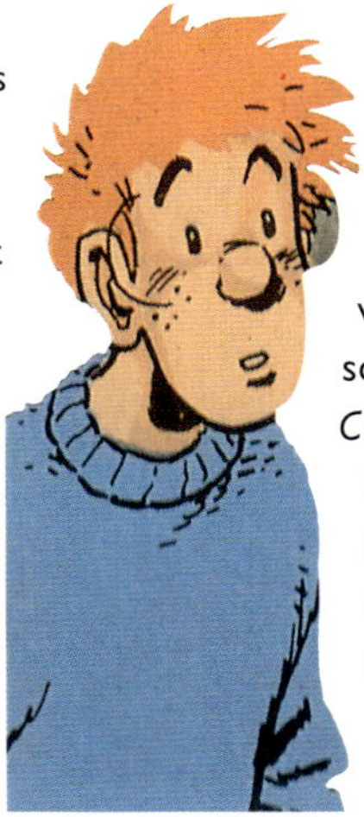

Broussaille, La Nuit du chat,
éd. Repérages-Dupuis, 1989, p. 25.

En 1984, Broussaille devient le héros éponyme de la série. Frank, qui a déjà au préalable livré des planches mettant en scène son héros sur des scénarios de Bom, poursuit avec lui sa collaboration.

En 1981, Frank crée un personnage, L'Élan, qui vit sa vie de héros en strips paraissant dans *Spirou* de 1981 à 1987 et en albums (2 titres chez Dupuis et BD Club).

1984 voit la naissance d'un nouveau personnage qu'il crée avec le scénariste Térence : Vincent Murat. *Comme un animal en cage* en est l'unique épisode (éd. Dupuis).

En 1993, Frank s'associe avec le scénariste Philippe Bonifay et donne à la collection "Aire Libre" la série *Zoo*, une histoire qu'il réalise en couleurs directes dans un style plus pictural. Il s'y révèle un magistral illustrateur animalier.

Ses influences sont à chercher chez des dessinateurs tels Franquin et Mœbius, mais aussi chez des artistes tels Rodin, Egon Schiele. Dans les années 1990, Frank a participé à la réalisation des décors et personnages du dessin animé *Excalibur* (Warner Bros).

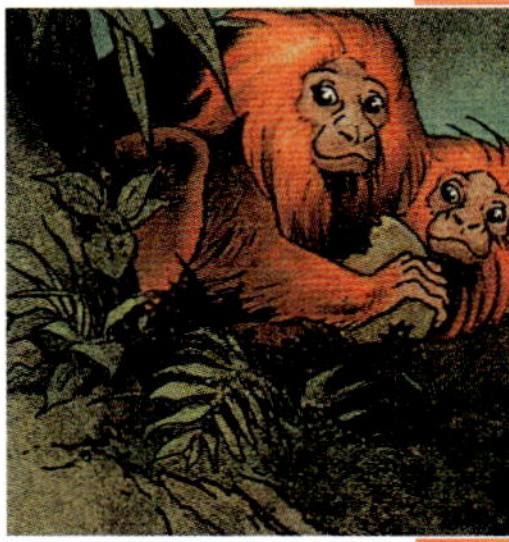

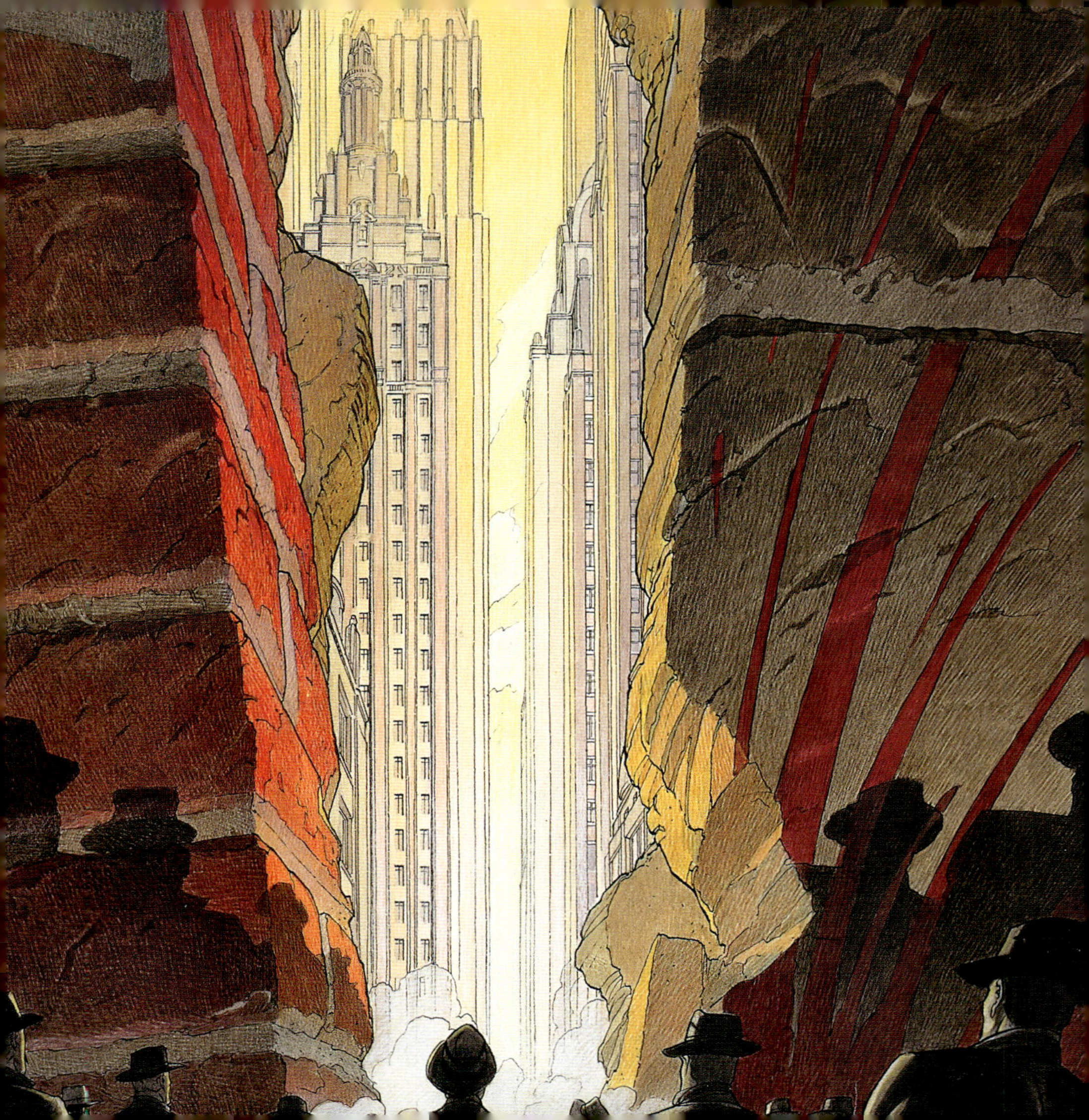

Dès l'âge de 16 ans, François Schuiten publie dans l'édition belge du magazine *Pilote*. Membre du célèbre groupe *Le Neuvième Rêve* (issu de l'école Saint-Luc de Bruxelles), il livre, en 1978, avec son frère Luc, les débuts du cycle des *Terres creuses* à *Métal Hurlant*.

Avec son professeur et maître, Claude Renard, il réalise *Le Cycle des Métamorphoses* aux Humanoïdes Associés (réédités chez Casterman). Leur travail a la particularité d'être réalisé en parfaite symbiose, au niveau du scénario comme du dessin, l'un et l'autre repassant sur les planches dessinées par l'un et l'autre, en couches successives. Car François Schuiten n'est pas que dessinateur, il prend également part à l'élaboration du scénario. De même dans son entreprise avec Benoît Peeters, qui va donner naissance, en 1982, dans *(À suivre)*, à la pierre de faîte de son œuvre, le cycle des *Cités obscures*. Cette série fantastique mettant en place un monde parallèle marque un virage dans l'histoire de la BD en ce qu'elle va, par la richesse de son scénario, élever le genre au rang d'art.

Les filiations esthétiques de Schuiten sont à chercher du côté des grands de la BD tels : Winsor Mc Cay, Hergé, Jacobs, Mœbius et des artistes graveurs du XIXe siècle, mais aussi au cinéma chez Méliès ou Welles et dans la littérature chez Kafka, Kadaré, Calvino…

Parallèlement à la BD, Schuiten explore d'autres médias : le cinéma (décors…), la scénographie (expositions universelles de Séville et Hanovre, spectacle d'arts vivants…), l'Internet (www.urbicande.be), toutes explorations qui viennent enrichir la lecture de son œuvre.

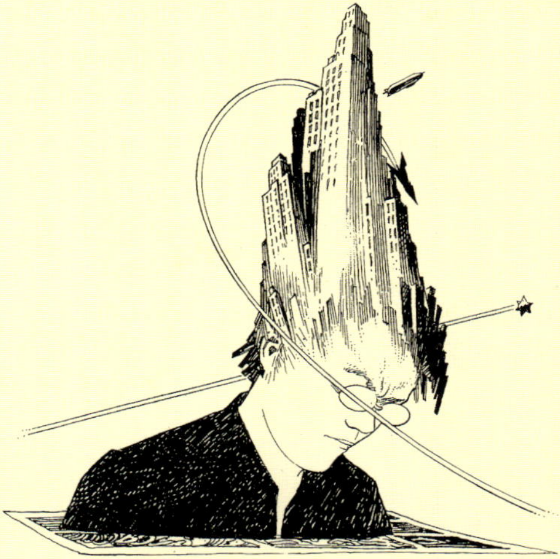

Autoportrait extrait de *Schuiten et Peeters. Autour des Cités obscures*, éd. Mosquito, 1994, p. 10.

Voyages en Utopie (co-auteur Peeters), éd. Casterman, 2000, p. 7.

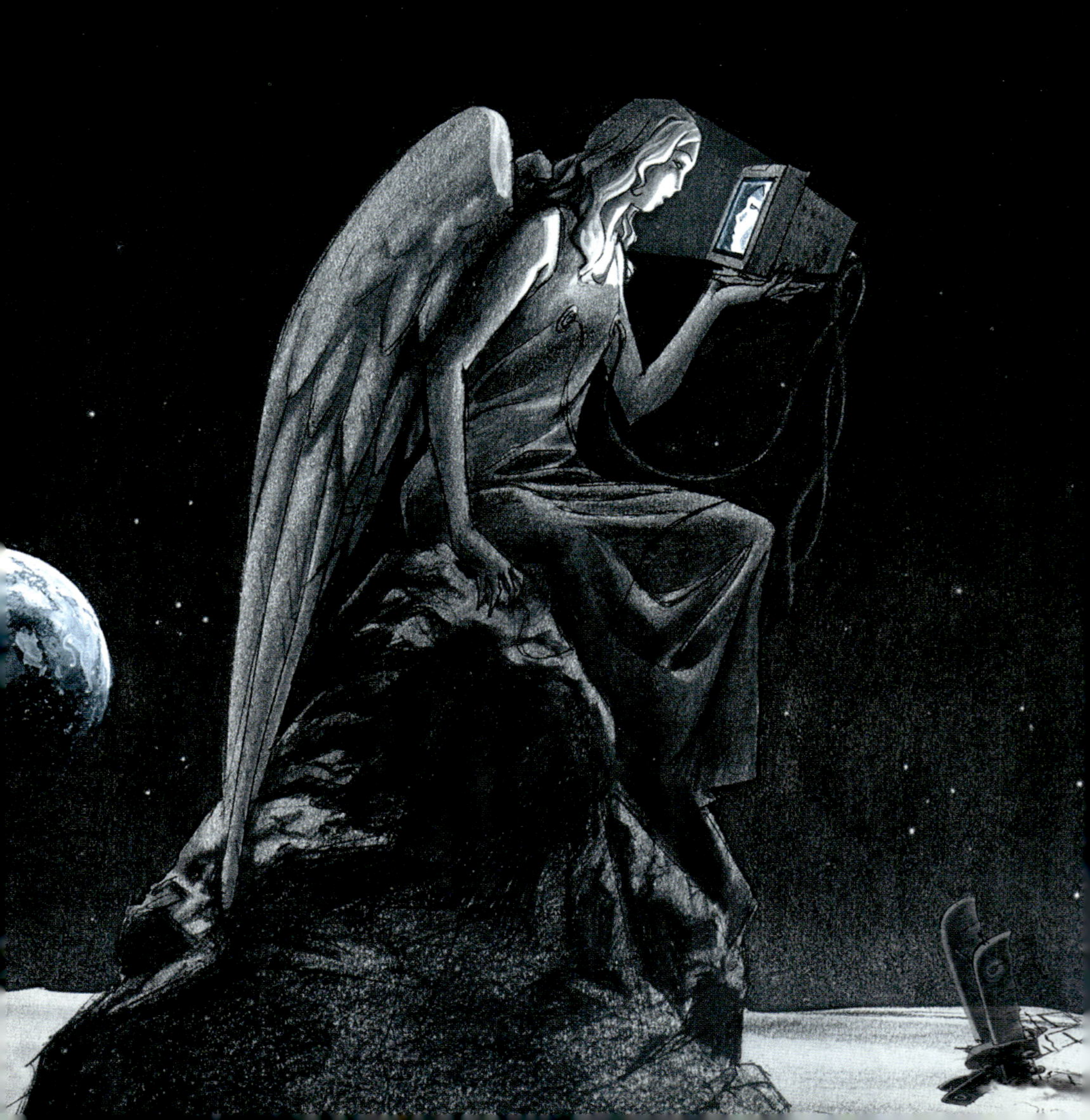

Yslaire (Bruxelles 1957)

Bernard Hislaire entre au journal *Spirou* en 1975, après s'être formé aux arts plastiques à l'école Saint-Luc à Bruxelles et avoir collaboré à un fanzine.

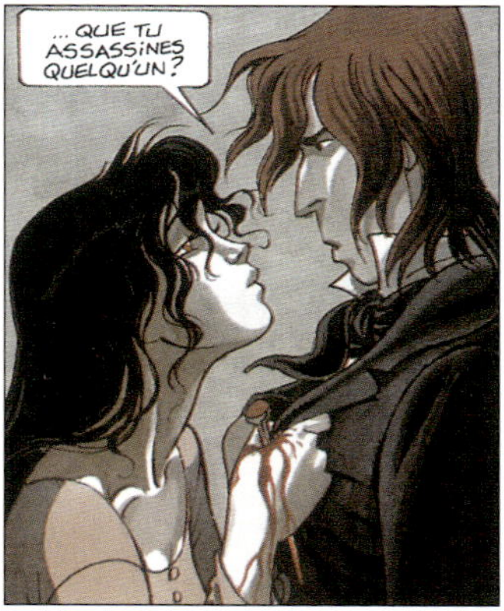

Sa rencontre avec Jean-Marie Brouyère, scénariste et dessinateur des années 1970, le conforte dans la voie de la bande dessinée. Ensemble, ils créent l'éphémère série *Coursensac et Baladin* (1976). En 1978, Bernard Hislaire débute sa propre série *Bidouille et Violette*, une BD mettant en avant les sentiments, chose assez rare pour l'époque dans la bande dessinée tout public. Dans le même temps, il apporte sa contribution en qualité de dessinateur de presse au journal *La Libre Belgique*.

En 1986, il change de registre, de public, de nom (Yslaire) et de graphisme en donnant naissance, avec Salac (alias Yann) au scénario, pour le premier volet de ses aventures, à son nouveau héros : Bernard Sambre. Cette nouvelle série prépubliée dans le magazine *Circus*, et en albums chez Glénat, est saluée par la critique comme l'une des œuvres phare de la décennie. Fresque historique et romantique aux accents hugoliens, l'auteur y explore les événements de la seconde moitié du XIXe siècle en France. Yslaire s'affirme comme un dessinateur sensible à la lumière et aux couleurs. Son art du clair-obscur n'est pas sans rappeler l'ambiance dans les compositions des Primitifs flamands.

En 1997, en artiste que les nouvelles technologies intéressent, il lance sur le Web, puis en album, *Mémoire du XXe ciel* (réédition aux Humanoïdes Associés), avec la psychanalyste Laurence Erlich, une nouvelle série. Celle-ci fait entrer le lecteur dans la mémoire d'une vieille dame recevant des e-mails de la part d'un ange, comme autant de souvenirs et d'événements du XXe siècle.

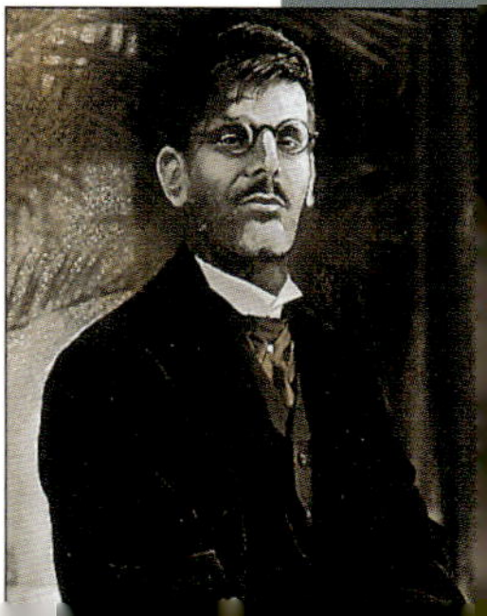

À GAUCHE : *Mémoires du XXe Ciel 98*, éd. Delcourt, 1999.

EN HAUT : *Sambre. Révolution, révolution...*, éd. Glénat, 1993, p. 35.
CI-CONTRE : autoportrait extrait de *Introduction au XXe ciel*, 1997, p. 60.

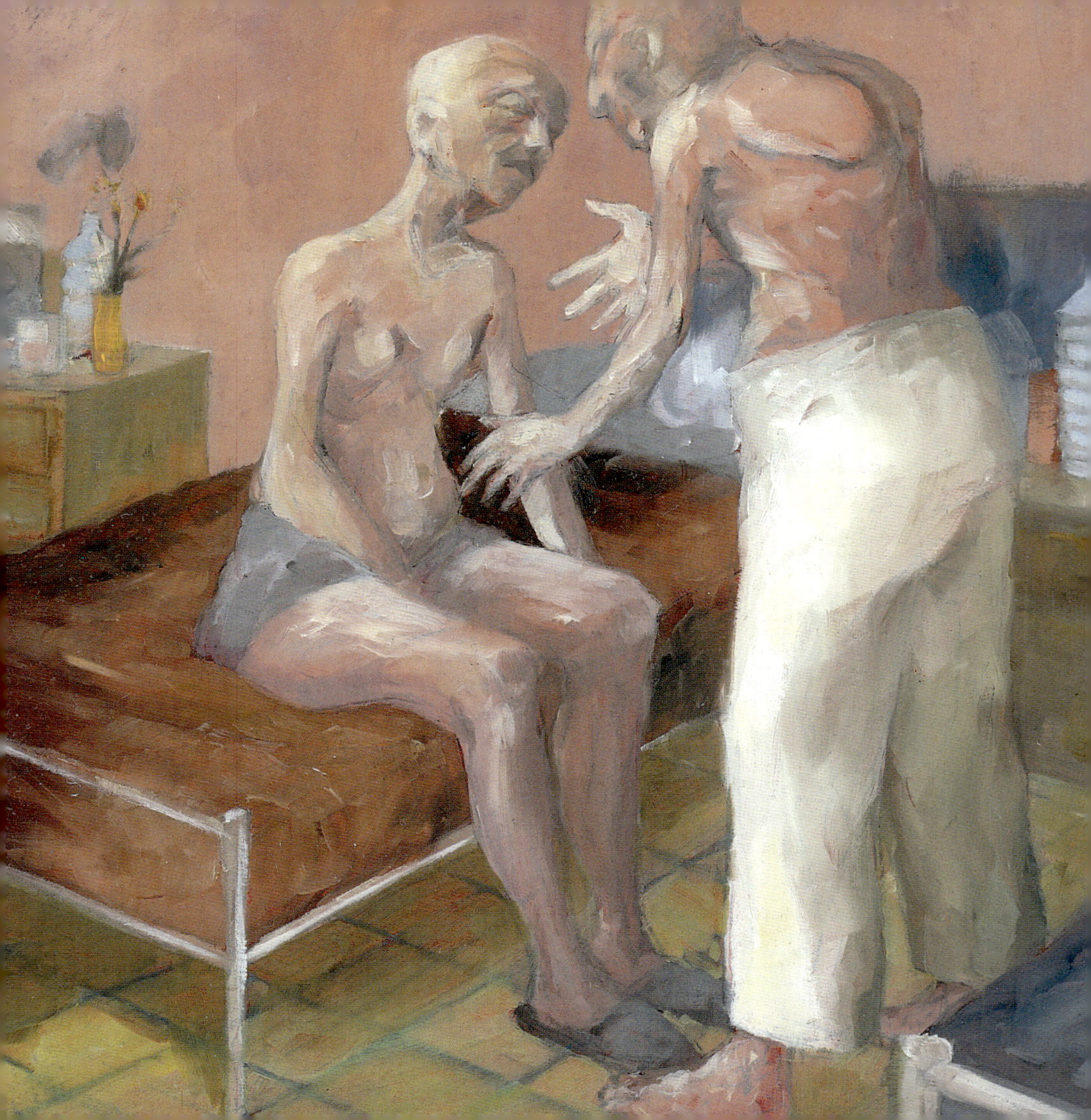